世界哲學史 5

世界哲学史5——中世Ⅲ バロックの哲学

中世紀篇（Ⅲ）巴洛克時代的哲學：新世界的衝擊

伊藤邦武／山內志朗／中島隆博／納富信留 主編
李瑷祺 翻譯
山村奨 監譯

目次

contents

PROLOGUE

前言

山內志朗

本書探討的是十四世紀至十七世紀的哲學發展。從人類歷史的角度來看，這是一個劇變的時期，期間發生了諸多重大歷史事件，如大航海時代、活字印刷術的發明、宗教改革以及文藝復興等。此外，本書原則上將「近世」一詞用來指稱十六世紀至十八世紀中葉，藉此與隨後的「近代」加以區分。

在西方，哲學擺脫對神學的從屬地位，成為一門獨立的世俗學問，大致始於十七世紀。當時，大學中的文學院以研究亞里斯多德的著作為主要內容，哲學逐漸取得了獨立於神學的地位。兩者的對立與「普遍論爭」（problem of universals）中，唯實論（realism）與唯名論（nominalism）的分歧觀點相互交織，進而塑造了哲學史的框架。即便到了今天，唯實論與唯名論的對立仍深刻影響著哲學史的發展。宗教改革後，隨著大學教育的普及化，哲學逐漸走向世俗化，並擺脫了對宗教的依賴。然而，即使在將哲學與宗教視為一體化的趨勢中，我們仍需不斷反思神學與哲學之間的關係。

從世界史的整體視角來看，中世紀與近世的時代劃分是否合理，無疑是一個不可忽視的問題。在西方，「中世紀」這一名稱本身就建立在近世文化復興的前提下，因此古代與近世被視為光明的時期，而中世紀則長期受到「黑暗時代」這種偏見的影響。

在那些將中世紀視為黃金時代的人眼中，近世之後的發展被認為是衰退與沒落的過程，而為近世鋪路的思想家則被視為破壞中世紀秩序的罪魁禍首，因此遭到憎惡。其中最具代表性的便是唯名論者——奧坎的威廉（William of Ockham, ca.1285-1347）。

在中世紀，許多異端思想都帶有啟示錄式的末世論色彩。即將來臨的末日預示著現有秩序的顛覆與變革，並伴隨著困苦大眾對幸福生活的期待。中世紀的人們始終渴望著新時代的降臨。

即使我們將中世紀與近世的劃分視為宗教統治向世俗權力的轉移，若不設定一個徹底的變革時期，這樣的劃分便難以成立。

從哲學史的角度來看，在伊斯蘭世界，阿維森那（Avicenna, 980-1037）與阿威羅伊（Averroes, 1126-1198）之後，似乎再沒有出現對西方哲學產生重大影響的哲學家，彷彿哲學的鼎盛時期已經過去。在中國，自朱熹與王陽明之後，未再誕生如巨星般的思想家；而在日本，從室町時代到江戶時代初期，似乎也經歷了一段缺乏大思想家的時期。類似的情形亦出現在西方哲學中：十三世紀多瑪斯・阿奎那（Thomas Aquinas, 1225-1274）逝世後，鄧斯・司各脫（Duns Scotus, ca. 1265-1308）與奧坎的威廉相繼出現，宣告了中世紀經院哲學的終結，之後的西方似乎進入了一段被稱為「黑暗時代」的時期。然而，近世真的帶來了光明嗎？經歷了兩次世界大戰與福島核災後，這一點令人深感懷疑。

首先，應從世界哲學史的角度重新審視「中世紀」和「近世」這些名稱及其劃分是否合理。然而，實際上要以統一的視角來看待世界各地獨立發展的思想流派，並不可行。

世界哲學史並不是試圖展示「絕對精神」（德語：absoluter geist）的顯現，也不會有哲學家主張當前二十一世紀的現狀是絕對精神的體現。世界哲學史的目標，是在各地局部性展現其特異性的過程中，揭示其中蘊含的普遍性。從這個意義上來看，世界哲學史也可以被視為一種單子論的實踐——每個作為個體的「單子」（monad），透過展現由無限多個單子構成的宇宙來實現其個體性。

CHAPTER

one

第一章

從西方中世紀到近世

山內志朗

西洋中世から近世へ

一、西方中世紀與近世

西方中世紀到近世的哲學演進

科學史學家亞歷山大・夸黑（Alexandre Koyré, 1892-1964）在《從封閉世界到無限宇宙》一書中，描繪了近代科學誕生時期的思想變遷，這正是從封閉的有限世界邁向開放的無限宇宙的過程。中世紀向近世的過渡亦與此相呼應，無論在人類活動還是哲學思想上，皆逐步走向更為開放的狀態。然而，這種近世的開放並非在全球同步發生，而是由西方率先引領了這一變革。

一般認為，勒內・笛卡兒（René Descartes, 1596-1650）的「我思故我在」，帶來了近世哲學的第一道曙光。那麼，世界哲學史對這一普遍觀點會有何評價呢？我並非想說笛卡兒的言論過於狹隘，而是想探討：意識的審判是否真的構成了哲學的主要舞台？在進入大航海時代，當世界開始以全球為舞台時，哲學家們真的僅僅沉浸在意識的世界中嗎？無論是從哥特佛萊德・威廉・萊布尼茲（Gottfried Wilhelm Leibniz, 1646-1716）的「預定和諧說」（pre-established harmony）來看，還是從巴魯赫・史賓諾莎（Baruch Spinoza, 1632-1677）的「神即自然」宣言來看，哲學家將自己與世界隔絕、困於意識之繭中獨自思索，顯然不是他們應有的基本態度。

那麼，十七世紀的近世究竟是一個什麼樣的時代呢？這個世紀並非徹底擺脫中世紀黑暗的「理性主義」時代，而是一個光明與黑暗相互交織的「巴洛克」時期。在天主教發起的反宗教改革浪潮中，宗教裁判日益加強，因異端罪被火刑處死的受害者數量達到歷史最高峰，獵巫行動也達到鼎盛。即便在基督新教的世界，獵巫行動同樣盛行。人類歷史從黑暗走向光明，並非沿著一條直線前進。世界史始終充滿著無法盡述的人性黑暗，即使到了現代，這些黑暗依然存在。

中世紀與近世的分界點究竟是什麼？如雅各・布克哈特（Jacob Burckhardt, 1818-1897）所言，世界與人類的發現標誌著文藝復興（近世）的開端。換句話說，「『中世紀』加上『世界與人類』等於近世」這樣的公式便能解釋這一轉變。另一方面，艾蒂安・吉爾森（Étienne Gilson, 1884-1978）則認為，世界與人類早在中世紀已經被發現，而近世的特徵則在於失去了上帝，因此他提出了「『中世紀』減去『上帝』等於近世」的歷史圖式。問題的核心並不在於中世紀與近世孰優孰劣，而在於近世是否為了強調自身的存在意義，而刻意捏造出一個「中世紀」作為對比。

西方中世紀之秋

讓我們稍微回溯一下。十四世紀是黑死病肆虐的時代，同時也是一個黑暗的時期。從天主教的角度來看，中世紀末期是羅馬教廷走向衰落的黑暗時代。

接下來，如果大致追溯至十七世紀的歷史進程，可以按以下順序排列：十四世紀（黑死病、教宗的亞維儂之囚、天主教會大分裂、英法百年戰爭）、十五世紀（義大利文藝復興全盛時期、佛羅倫斯的繁榮）、十六世紀（宗教改革、大航海時代）、十七世紀（巴洛克時期、理性主義）。這樣整理後，歷史似乎顯現出逐漸邁向光明時代的趨勢。

從統一的觀點回顧十四世紀到十七世紀，尤其是從世界哲學的角度來看，這確實是一項極為艱鉅的課題。從世界史的角度來看，這一時期包含了以活字印刷術為代表的媒體革命、大航海時代以及宗教改革等歷史轉折點。而從哲學的角度來看，情況又如何呢？或許我們可以這樣說：哲學往往如同「密涅瓦的貓頭鷹」[1]，總是在時代的大事件發生後姍姍來遲地登場。

進入近世後，儘管笛卡兒、萊布尼茲等著名哲學家相繼登場，但在十四、十五世紀這段時期，並未出現太多足以稱為大思想家的人物。因此，這一時期往往被視為模糊不清，並在命名上常被歸類為中世紀末期或文藝復興。然而，我們不妨將十七世紀定位為「巴洛克時期」，並將路易斯・德・莫利納（Luis de Molina）和弗朗西斯科・蘇亞雷斯（Francisco Suárez）等第二經院（second scholasticism）哲學家納入這一時期的哲學核心。第二經院哲學指的是十六、十七世紀的經院哲學。如此一來，我們便能看到中世紀與近世之間的連續性。經院哲學並未隨著中世紀的

1　譯註：密涅瓦（Minerva）是羅馬神話中的智慧女神，黑格爾曾用「密涅瓦的貓頭鷹要等到夜幕降臨才會起飛」來比喻哲學思考。

終結而衰退。

笛卡兒之後的著名哲學家，可以歸類為世俗性的巴洛克哲學，而十四世紀與十五世紀則可視為後期經院哲學的時期。在這樣的分類框架下，讓我們來概覽一下十四世紀到十七世紀期間的重要思想家。

哲學史的概況

從中世紀到近世，特別是十四、十五世紀，通常被視為模糊不清的時期。為了提供一個概括性的概念，這裡先整理出一個暫定的概略圖式。儘管看似繁瑣，實際上只是非常粗略的人物介紹。至於文藝復興的思想家群及近世哲學家，將會在本書的各章中詳細討論，因此此處暫不列舉。

「唯名論」：奧坎的威廉、讓・布里丹（Jean Buridan, ca.1300-1359/62）、里米尼的貴格利（Gregory of Rimini, 1300-1358）、尼克爾・奧里斯姆（Nicole Oresme, ca.1320-1382）、加百列・比力（Gabriel Biel, 1420-1495）。

「德國神祕主義」（German mysticism）：亨利・蘇瑟（Henry Suso, 1295-1366）、約翰尼斯・陶勒（Johannes Tauler, 1300-1361）。

「牛津唯實論」（Oxford Realism）：約翰．威克里夫（John Wycliffe, 1331-1384）、威尼斯的保羅（Paul of Venice, ca.1369/72-1429）。

「正統天主教神學」：皮埃爾．戴伊（Petrus de Alliaco, 1350-1420）、尚．熱爾松（Jean Gerson, 1363-1429）、約翰尼斯．卡普雷奧呂（Johannes Capreolus, 1380-1444）、庫薩的尼各老（Nicholas of Cusa, 1401-1464）。

「耶穌會與西班牙巴洛克時期哲學」：莫利納、蘇亞雷斯。

有人認為，十五、十六世紀巴黎大學的哲學發展已經走向衰退，但這一觀點存在諸多問題。儘管德西德里烏斯．伊拉斯謨（Desiderius Erasmus, 1466-1536）批評萊昂．巴蒂斯塔．阿伯提（Leon Battista Alberti, 1404-1472）、加百列．比力等人的追隨者，並嘲諷他們的哲學流派比羊腸還要扭曲繁瑣，但這種說法是否恰當，仍有待商榷。

即使沒有出現舉足輕重的代表性學者，仍不乏重要的學者。學者的數量多到難以僅列舉幾位。自十五世紀以來，隨著大學在歐洲各地城市紛紛成立，許多曾在巴黎學習的學者返回故鄉，在各地的大學推動具有特色的教育與研究。因此，知識生產的活力並未衰退。

我們可以透過活字印刷術的影響來觀察這一現象，也有必要正視學問與知識的大眾化對學術的影響。巴黎大學的學術活動並非為了讓後人更容易整理學術發展而推展的。

中世紀哲學是近世哲學的母體

笛卡兒對經院哲學的方法論提出異議，並大膽假設出一個簡化的哲學出發點，同時又能為大眾所接受。他是一位能夠宣告告別中世經院哲學的創新大哲學家。然而，重要的是，笛卡兒同時大量保留並繼承經院哲學遺產中的優秀概念體系；萊布尼茲也同樣強調了經院哲學的重要性。至於史賓諾莎，在他的《倫理學》（*Ethica*）中，儘管他對經院哲學的用語有著全面的依賴（在實質上是一種徹底的反叛），但這顯示出經院哲學的效力一直延續至康德（Immanuel Kant, 1724-1804），並且仍然顯而易見。因此，有人認為康德是最後一位經院哲學家。

讓我們回到十四世紀。在這一時期，哲學與神學的中心逐漸擺脫了巴黎大學的極化現象，開始向歐洲各地擴散。法國、西班牙、英格蘭和義大利在十三世紀就已經發展了大學教育，而中歐、東歐和北歐則是在十四世紀之後才開始成立大學並發展相應的教育體系。

因此，當巴黎與牛津大學的榮光擴散遍布整個歐洲後，便將時代往近世推進。陸續設立大學的，包括以下各地：一三六四年的克拉科夫（Kraków）、一三八五年的海德堡（Heidelber）、一四七二年的因戈施塔特（Ingolstadt）、一四七七年的圖賓根（Tübingen）、一四五九年的巴塞爾（Basel）、一三四八年的布拉格（Prague）、一四七九年的哥本哈根（Copenhagen）、一四七七年的烏普薩拉（Uppsala）。

隨著知識中心的分散，哲學史的面貌似乎變得不再簡單明瞭；然而，實際上，正是在這種狀態下，哲學才展現出其豐富多樣的活力，並迎來了一個生機勃勃的時代。

二、西方的思想地圖

唯名論的譜系

談到中世哲學向近世哲學的過渡，就必須先對唯名論加以定位（詳情請參考本叢書第四冊第六章）。唯名論是一個契機，使我們能夠擺脫實體主義的思維，並以函數（function）的方式來處理事物的實在性（reality）。作為哲學發展的脈絡，唯名論自十四世紀以來在西方展開，並在近世成為主流的思考方式。同時，它與自然科學的發展相互交融，逐漸滲透到近代的理性主義中。唯名論的探討並不僅限於普遍的實在性，當人類的思考從以實體為中心轉向以數量和函數為基礎時，唯名論在這一過程中發揮了重要的轉換作用。

西方中世末期的唯名論通常以奧坎的威廉和布里丹為代表，馬丁・路德（Martin Luther, 1483-1546）則被視為這一系譜的繼承者。這一傳統確實成為從中世紀末期到第二經院哲學的一個主要流派，但需要特別注意的是，首先對唯名論的理解。

唯名論一般被認為是將普遍視為僅僅名義的立場，但實際上應該看作是關於命題真理根據的探討。唯實論假設事物具備亞里斯多德的「實體論」（substantialism）結構，並假定存在一種本體論的階層結構，然後在這種結構中思考真理的根據。不同階層的「述詞」（predicate）對應於不同的存在，因此真理的根據被認為來自事物本身。而唯名論則否定了實體論所假設的邏輯性階層結構，認為這是預設的結論，並不以內在結構為前提，而是基於個體事物和概念，試圖以外延的方式解釋命題的真理。唯名論採用個體主義（individualism）[2]和外延主義（extensionalism）[3]的框架，拒絕事物的實體論結構。

從這個角度來看，鄧斯・司各脫所設定的實體內部的形相區別並不是崩潰，而是變得無用。唯名論並非單純否定形相區別和唯實論，而是將其視為無用的概念，予以淘汰。

然而，與路德相關的唯名論譜系並不是這一脈絡，而是存在另一個唯名論的譜系，那就是里米尼的貴格利（Gregory of Rimini）的立場。這一立場涉及倫理神學（moral theology），並以「稱義說」（justification）為核心論題。換句話說，表達受到稱義的述詞，如「領受恩典」、「義」、「有功績的」等，皆源自神的恩典，而作為受造物的人無法為這些述詞提供根據。因此，當談到「義人」時，其命名的根據就像「被看到的桌子」一樣，皆來自外部。這被稱為「外在指謂」（extrinsic denomination），並被視為僅有名目的、屬於唯名的，這正是貴格利唯名論的核心概念。此外，為了支持這一論述，他還提出了神的「絕對權能」（potentia absoluta）等概念。因此，貴格利被稱為「唯名論的旗手」，與其一脈相承的是路德的「因信稱義」（sola fide）說。

在倫理神學領域，關於稱義論的討論在十四世紀確立了新的流派。這一流派認為，人的功績並非來自人類的自由，而是源於神的恩典。由於這一觀點具有「唯名」的特徵，提出該觀點的里米尼的貴格利因此被稱為「唯名論的旗手」。

經院哲學的破壞者——奧坎的定位

唯名論是一個由多個層次組成的歷史現象，因此難以整理。在十七世紀，隨著學說史的積累，源於奧坎的流派被稱為唯名論，並將「普遍」視為名詞來理解，這一歸納反映的是十七世紀的背景。因此，若將這種歸納投射到中世紀的情境中，就會產生混亂。

一三二四年，奧坎受到教廷的傳喚，在亞維儂接受異端審判，同時他也參與了有關方濟各

2 譯註：個體主義是一種哲學和社會理論，主張個體是社會和道德的基本單位，強調個體的自主性和權利。這一理念通常與集體主義對立，後者強調集體的利益。個體主義的核心是，個體的價值和權利應受到尊重，並應有自由追求自己的目標。

3 譯註：外延主義主要出現在哲學和語言學中，強調一個詞所指涉的具體實例。它認為，理解一個概念的關鍵在於了解其外延，即所有的具體對象，而不僅是該概念的內涵。例如，「貓」的外延包括所有的貓，這一觀點與內涵主義（intensionalism）相對。

會清貧的論戰，並站在反對教宗的一方。不久之後，在教廷的施壓下，巴黎大學逐漸開始譴責奧坎的思想。然而，奧坎主義與唯名論的合併與匯流，其實牽涉到多個彼此相關的論點和影響。

人文學院與神學院之間存在著對立，人文學院中主要教授邏輯學的教師們越來越傾向於根據文本的字面意義討論神學問題。儘管神學的事項理應是神學院的專屬權限，但仍然出現了對其侵害的指控。自十五世紀以來，「古典路線」（拉丁語：Via Antiqua，指神學院）和「現代路線」（拉丁語：Via Moderna，指文學院）的區分逐漸確立，而這一區分恰好與使用傳統典籍如聖經和《命題集》（*Sentences*）來處理神學問題的舊方法，以及利用邏輯學加以分析的方式相重疊。

奧坎所展現的反教皇主義姿態、神學部與學藝學部之間的主張、文本詮釋的方法，以及倫理神學中的稱呼問題，這些因素與普遍之爭中的普遍唯名理解相互交織，因此可以認為「唯名論」這一概念的出現就像一種化學混合物（amalgam）。

歷史學家喬治・德・拉加德（Georges de Lagarde, 1898-1967）在其巨著《世俗化精神的起源》（*La naissance de l'esprit laïque au déclin du Moyen-Âge*, 1956-1963）中，重點分析了帕多瓦的馬西略（Marsiglio da Padova, 1275/80-1342/43）和奧坎的威廉如何對抗宗教權威，並揭示了世俗權威在近代性中占據優位的歷史起源。在這一過程中，拉加德試圖論證，奧坎依據其「本體論」和「知識論」的思想，構建了反教宗的政治思想，並且在路德之前，奧坎已成為打破教宗權威的首位人物。

根據德．拉加德的描述，奧坎被視為終結中世紀宗教權威並為近世世界開啟大門的關鍵人物。德．拉加德設定了宗教權威與世俗性之間的對立，並認為對宗教權威的反抗促進了世俗權威在近代的成長。在這一框架的影響下，唯名論的邏輯學被認為為反教宗的政治文獻和神學提供了基礎。因此，唯名論被視為促成近代世俗性、非宗教政治體制、宗教改革以及天主教會衰退的重要因素。

中世紀末期對教皇的各種反抗促成了近世基於政教分離的世俗權威確立，而奧坎正是這一變革的領頭人物。在這一框架中，唯名論被視為近代政治理論的源流。雖然奧坎在清貧問題上與教皇對立，但這並非旨在結束中世紀世界，而是為了建立一個新的教會組織。

奧坎畢竟是中世紀的人，唯名論並未關聯於中世紀的終結。在方濟各會內部，確實存在宣揚啟示錄式末世論的潮流，期待聖靈教會的到來，並且這一立場與反教皇的立場相互結合。這並非聖與俗的對立，而應視為一種靈性純粹化的趨勢。雖然德．拉加德的觀點遭到各種批評，但他對於將奧坎視為近世政治理論的源流以及終結中世紀的人物的框架，卻做出了重要貢獻。

唯名論神祕主義

宗教史學家海海科．奧伯曼（Heiko Oberman, 1930-2001）在《中世神學的成果》（*The Harvest of Medieval Theology*）一書中，試圖揭示路德宗教改革精神的起源。路德深入研讀加百列．比力的

《四部語錄論集》（*Collectorium circa quattor libros Sententiarum*），並從中吸收了繼承自奧坎的唯名論精神。從整體來看，路德顯然屬於唯名論的譜系，但他同時對奧坎的思想提出了強烈的批判。

要說明其來龍去脈，就必須探討十五世紀的哲學思想流變。這個時期可以說是一片未曾踏足的土地，至今仍幾乎未被解明。而奧伯曼所揭示的，正是關於十五世紀唯名論神祕主義的發展脈絡。

許多人可能對唯名論這一邏輯學思想與神祕主義之間的聯繫感到困惑。然而，唯名論並不是將普遍視為僅僅名義的思想，這一點應被視為西方哲學史的一個重要前提。至今，類似的誤解依然相當普遍，甚至有必要因此重新編寫西方哲學史。被視為唯名論創始人的奧坎，實際上主張普遍是一種概念的「概念論」（conceptualism）。正是因為自十六世紀以後開始稱其為「唯名論」，才導致了這種混亂的局面。

在奧坎之後，出現了名為「牛津唯實論」的唯實論流派，這一流派與約翰・威克里夫的唯實論相連。或許我們應該將司各脫、奧坎和威克里夫視為同一個流派。然而，這樣的觀點將對傳統的「唯實論與唯名論」分類產生一道難以克服的裂痕。將唯名論視為近世鋪路的思想，其實是具有危險性的觀點。

三、通往巴洛克哲學之路

威克里夫的唯實論

巴洛克是西班牙在大航海時代擴展版圖期間興起的一種文化風格。雖然巴洛克的定義繁多，但在這一時期的精神體現中，萊布尼茲的思想得到了重視。吉爾・德勒茲（Gilles Deleuze）透過「皺褶」（The Fold）一詞揭示了巴洛克的特性，並從中顯現出單子論的內涵。換言之，個體的單子透過無數單子的聚集所構成的宇宙來實現其個體性，展現了無限性與有限性的動態交錯，因此我們能在其中看到巴洛克的體現。正是在這個時期，世界歷史開始進入全球性的發展。十七世紀的巴洛克世界同樣也是世界哲學史的一個重要舞台。因此，追溯巴洛克的形成之路，雖然是一條曲折繁瑣的道路，卻同時揭示了哲學走向全球發展的軌跡。

讓我們回溯到西方中世紀末期。要了解唯實論與近世之間的聯繫，可以參考威克里夫。威克里夫的唯實論中出現了對教宗的批判，這一點對德・拉加德所設定的框架而言，卻是一個令人困惑的現象；因為在他的理論中，唯名論、教宗批判和世俗主義是相互重疊的。十二至十三世紀是商業革命的時期，同時也是城市數量大幅增加的時代。市民的經濟實力迅速增強，文化的中心逐漸從教廷轉向城市與市民社會。

羅馬教宗在經歷了亞維儂之囚和教會分裂（一三七八）之後，其作為精神權威的地位大幅下降。隨著世俗文化的蓬勃發展，十四世紀以後，文化格局也隨之發生了顯著的變化。

在以往的中世哲學史中，以多瑪斯・阿奎那為代表的唯實論接近「教宗至上主義」（ultramontanism），而唯名論者奧坎則被視為「世俗主義」（secularism）或聖俗分離的二元論。雖然威克里夫屬於唯實論，但他卻採取了反教宗主義的立場。傳統的世界史框架將唯名論、世俗主義及近代的開始連結起來，但考慮到威克里夫的情況，這一框架可能會動搖。要理解威克里夫的政治立場，必須考慮他的教宗權威論（批判教宗絕對無誤的觀念）及「聖餐論」（eucharistic theology）等方面。然而，若僅限於其本體論的觀點，則他的思想更接近於鄧斯・司各脫的唯實論，並保持了司各脫所提及的形式差異。奧坎則對這種形式差異持批評態度，因此威克里夫與奧坎的思想確實存在顯著差異。然而，無論是司各脫、奧坎還是威克里夫，三者皆為個體主義者，這使得他們可以被歸類為同一系譜。

威克里夫的教會批判主要在於他主張教皇權與世俗支配權的分離，認為羅馬教皇不應擁有世俗的統治權。在聖體論方面，他也正面批判了「聖餐變體論」（transubstantiation），這一點非常重要。他的論點是，「偶然性」（accidents）無法在沒有「基質」（substratum）的情況下存在；換句話說，麵包的偶然性不能在缺乏麵包這一實體的情況下存在，麵包的實體不會變為基督的肉體。此外，天上的基督的肉體也不可能同時存在於地面上。

威克里夫在聖餐理解中指出了教會的錯誤，這成為他批判在彌撒中只給予平信徒麵包而不提供酒的差別性儀式的重要依據。

威克里夫的唯實論典型地體現在他的「形式表述」（formal predication）觀點中。「形式表述」強調，述詞所對應的形式內含於主詞所對應的實體形式之中，這正是他所認為的真理根據所在。這一根據基於實體內部形式之間的相互內含關係。儘管威克里夫的觀點與鄧斯・司各脫的形式述定之間並不存在直接的影響關係，但在用詞及其內涵上，兩者之間仍然存在某種程度的聯繫。

經院哲學的方法與媒體革命

近世的經院哲學有時被稱為「第二經院哲學」，以區分其與中世紀經院哲學的不同。然而，這一時期的發展過程過於錯綜複雜，鮮有哲學史學家者深入分析和歸納。事實上，這是因為當時研究哲學的人數顯著增加，他們的豐碩研究成果透過印刷術大量流通，導致了這種複雜的現象。伊拉斯謨曾嘲笑「近世」是充滿大量無意義文獻的時代，但實際情況絕非如此。

當時，約翰尼斯・卡普雷奧呂被稱為多瑪斯主義（Thomism）[4]的第一把交椅。他的著作《聖多瑪斯神學擁護論》（*Defensiones Theologiae Divi Thomae Aquinatis*）共分為四卷，並在十五世紀和十六世紀廣受閱讀。

這部著作中介紹了鄧斯・司各脫、奧坎、伯多祿・奧勒魯斯（Petrus Aureolus, 1280-1322）、紀堯姆・杜蘭德（Guillaume Durand, ca. 1270/75-1334）、里米尼的貴格利等人的見解，並從多瑪斯・阿奎那的立場加以反駁。到十五世紀，越來越多的文獻以學說史的方式介紹這些反方立場的思想家。

這類羅列研究缺乏進展的哲學家學說並加以反駁的著作，無法得到整理歸納，確實令人遺憾。雖然十五世紀的哲學書籍記錄了一些十四世紀哲學家的學說，但在十四世紀的經院哲學研究停滯不前的情況下，這些學說只能被輕描淡寫地帶過。與此同時，耶穌會士致力於初等教育，試圖編寫簡單易懂的教科書，但相關學說史的介紹卻往往相當有限。

如果一個學說試圖將至十五世紀的反方見解全面羅列並逐一介紹與反駁，文本必然會變得相當冗長。而耶穌會的哲學教育改革則專注於基礎知識的學習，僅針對學說的基本內容予以簡要解說，使得這些著作易於閱讀，並以「教科書」的形式大量刊行。如果採用《四部語錄論集》的形式，為了介紹和反駁不同論點，則會變成龐大的著作，從而降低文本的可讀性。十五世紀是《四部語錄論集》的最後一個世紀。隨著學說的龐大積累，人類的頭腦無法再承載這些內容，於是印刷術的出現，使得目次和索引等檢索功能逐漸完善。在這個背景下，原本是神學家必經之階梯的《四部語錄論集》被捨棄，取而代之的是以多瑪斯・阿奎那的《神學大全》（*Summa Theologine*）為教科書，以及為學生學習所編寫的各種教學材料。

十六世紀的哲學

十五世紀不僅在德意志等中歐地區，連東歐和北歐都有大學陸續開課。十六世紀是宗教改革的時代。在哲學方面，只有雅各・波墨（Jakob Böhme, 1575-1624）、伊拉斯謨、焦爾達諾・布魯諾（Giordano Bruno, 1548-1600）等人有醒目表現，因此在哲學上，十六世紀看似一個黯淡無光的時代。不過，前有義大利人文學者朱利葉斯・凱撒・斯卡利傑（Julius Caesar Scaliger, 1484-1558），後有活躍於帕多瓦（Padova）的雅各布・扎巴雷拉（Jacopo Zabarella, 1533-1589），端看這兩位大思想家的登場，便足以讓十七世紀的德意志人認為這是一個輝煌的時代。儘管如此，十六世紀仍常被

---

4 譯註：多瑪斯主義（Thomism）是基於聖多瑪斯・阿奎那的哲學和神學思想的學派，強調具體存在的重要性，認為真理源於現實。它主張理性與信仰相輔相成，理性有助於理解信仰，而信仰則提供超越理性的真理。此外，多瑪斯主義提出一種普遍的道德法則，即自然法，這是基於人類理性推導而來的道德準則，應為所有人遵循。該學派還深入探討存在的本質及事物的因果關係。多瑪斯主義對天主教神學、倫理學和哲學有著深遠的影響，並在中世紀和近代的許多思想流派中扮演重要角色，至今仍為天主教官方哲學之一。

視為一片空白，此時雖然不乏彼得呂斯・拉米斯（Petrus Ramus, 1515-1572）、佩德羅・達・豐塞卡（Pedro da Fonseca, 1528-1599）、莫利納等著名思想家，也難以扭轉這一評價。這個時代哲學的一個重要特徵是，在十五世紀大學在歐洲各地擴展後，大學教育變得更加普及，隨之而來的是課程改革（curriculum reform）的實施，同時學術的方法論也得到了根本的重新檢視。

亞里斯多德的《分析論後書》（*Posterior Analytics*）雖然是關於科學方法論的著作，但在哲學界同樣受到關注。彼得呂斯・拉米斯批判亞里斯多德的學問理論，復興了「方法」（metodus）概念，並提出從簡單到複雜的漸進式學習方法。他以「二元分類」（binary classification）作為基本圖式，簡化學習過程，這些創新被視為劃時代的成就。拉米斯的方法演變為「拉米斯主義」，其影響力遍及英格蘭，並擴展到北美大陸東海岸的新英格蘭。

第二經院哲學

同時代的第二經院哲學，則是以耶穌會為中心發展。耶穌會在世界各地傳教，並在各傳教地設立學校，培養神學研究者。

舉例來說，安東紐斯・魯比斯（Antonius Rubius, 1548-1615）是一名耶穌會士，他年紀輕輕即被派調至墨西哥，教授哲學與邏輯學。在當地，亞里斯多德的邏輯學教科書，以《墨西哥邏輯學》為書名，而這本教科書也在歐洲廣為使用。在亞洲，耶穌會不但將果亞邦（Goa）和澳門等地，當作傳教基地，還在長崎設立神學院，在在都能看出第二經院哲學的擴散之廣。

佩德羅．戈梅茲（Pedro Gómez, 1535-1600）為了能在日本講授神學課程，而於一五九三年撰寫了《講義要綱》，該書的日譯版也於兩年後完成。

耶穌會的活躍與大航海時代人類活動範圍的擴大相契合，這源於他們無論被派遣至世界何處，都願意前往傳教的積極態度。他們不僅在地域上擴展，對於經濟活動也展現出寬容，例如接受利息制度的存在。耶穌會與世界哲學有著密切的聯繫。

關於蘇亞雷斯與莫利納的神學，至今仍處於不斷探究的階段，試圖挖掘其理論的獨特之處。然而，對於他們的整體思想形象，我們依舊如霧裡看花。此外，也缺乏簡單明瞭的書籍來為我們提供概括性的說明。

當人立下功績時，便會感受到神的協助，於是神與人之間的協作關係得以成立。此時，若賦予神優先權，便會演變為「喀爾文主義」（Calvinism），推導出「預定論」（Predestination）甚至「決定論」（Determinism）；若將優先權賦予人，則會成為「白拉奇主義」（Pelagianism）。關於神恩典與人類自由之間的合作，莫利納的觀點是，神能預知人的行為，而且這種預知並不損及行為的偶然性，而非必然性的預知。這個問題在十七世紀之後引發了激烈的辯論。簡而言之，有一派主張，神能預知人的自由行為而不剝奪其自由。神的預知是一種對未來偶然事件的假設性預知，這是一種神獨有的特殊知識形式，稱為「中間知識」（Middle Knowledge）。

莫利納的論點是否算作異端，連教宗都無法做出裁決，最終只得命令正反兩方——包括道明會（Dominican Order）在內的兩大陣營——停止辯論，導致這個問題懸而未決，延宕至今。這是一個兩難的問題：若行為的責任歸屬於某個實體，而人的稱義是取決於人的自由行為，那麼在神的恩典與人的行為之間，神並未獲得絕對的優先權；然而，若真正將優先權賦予人類，便會陷入異端邪說的境地。康德看出其中的二律背反，也是在情理之中。一旦這種爭論發生，解決問題的可能性便幾乎成為不可企及的夢想。

容筆者補充一點，近世以來極盛一時的第二經院哲學，並非脫離現實的神學理論，也未對全球範圍內的重大變動閉門不問，或選擇迴避。這些理論並非僅為了交易或傳教而屢次妥協、退讓的權宜之策，而是敢於面對現實問題的理論。在探討世界哲學史時，這一點不可忽視。能否在未來的哲學史上名垂青史，往往取決於政治影響力的興衰。如果哲學不能超越所處時代的理論框架，綻放出鼓舞人心的光芒，那麼哲學最終將走向衰亡。

十四世紀至十七世紀的西方哲學發展，並非僅僅以中世紀結束、近世全新開展為標誌，而是繼承了中世紀的思想脈絡。關於基督教神學，也不能僅以天主教與新教對立的簡單圖式來概括。哲學的舞台已經擴展至全球，雖然這是一個西方席捲世界的時代，但同樣是需要從多樣性視角去理解的時代。世界哲學史至今仍然保留著廣闊且尚未探索的未知領域。

延伸閱讀

海因里希・羅姆巴赫（Heinrich Rombach），酒井潔譯，《實體、體系、結構》（*Substanz, System, Struktur*，密涅瓦書房，一九九九年）——以歷史角度描寫人的基本概念，如何從實體論過渡至函數、體系等，其中詳細說明了唯名論在這場過渡中，具有什麼樣的意義。

將基面貴巳，《歐洲政治思想的誕生》（名古屋大學出版會，二〇一三年）——描寫中世紀末期政治哲學的流變，論及奧坎、威克里夫等人。

海科・奧伯曼（Heiko A. Oberman），日本路德學會、日本喀爾文研究會譯，《兩個宗教改革：路德與喀爾文》（*The Two Reformations: The Journey from the Last Days to the New World*，教文館，二〇一七年）——精湛地揭示出唯名論風格的神祕主義在十五世紀的流變。

艾利斯特・麥葛福（Alister E. McGrath），鈴木浩譯，《路德的十字架的神學》（*Luther's Theology of the Cross: Martin Luther's Theological*，教文館，二〇一五年）——記述了路德年輕時歸信基督教的背景，以及他與中世紀末期唯名論的關係。他與里米尼的貴比利的關聯，十分重要。

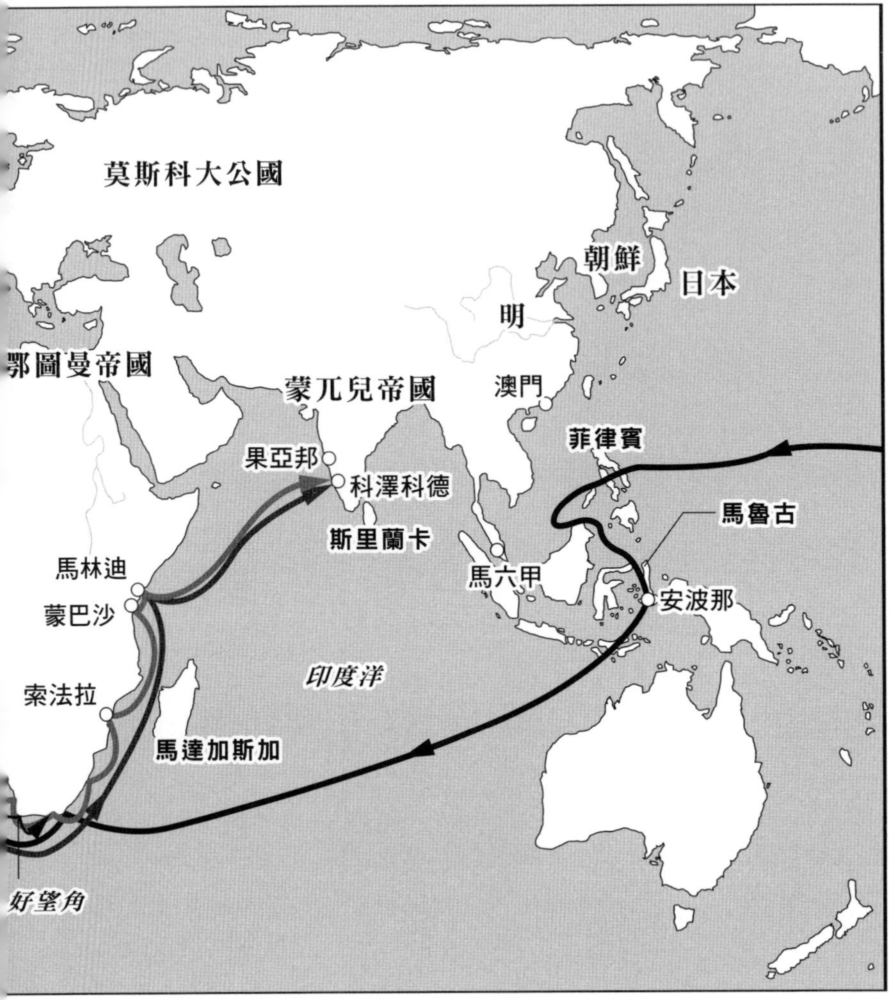
莫斯科大公國
鄂圖曼帝國
蒙兀兒帝國
明
朝鮮
日本
澳門
菲律賓
果亞邦
科澤科德
斯里蘭卡
馬魯古
馬六甲
安波那
馬林迪
蒙巴沙
索法拉
印度洋
馬達加斯加
好望角

十五至十六世紀的世界

迪亞士（1487-1488）
哥倫布第一次遠航（1492-1493）
卡博特（1497, 1498）
麥哲倫（1519-1522）
（包括麥哲倫死後其手下的航線）
《托爾德西利亞斯條約》分界線（1494）
達伽馬（1497-1499）
維斯普奇（1499-1500, 1502）
卡布拉爾（1500）

專欄一
路德與經院哲學　松浦純

西方中世紀的大學採用「博雅教育」（liberal arts）作為基礎學科，並以神學、法學和醫學作為專業學科，構成雙層結構。這些學科均屬於「經院學」（scholasticus，即「學校的學問」）。至中世紀末期，文學院的教育分為「古典路線」（主要是「多瑪斯路線」和「司各脫路線」）及「現代路線」（以奧坎為首的唯名論路線）。路德接受的是「現代路線」的教育，他也曾多次表明自己是奧坎的門生。這通常是在討論邏輯學與普遍之爭（problem of universals）的脈絡下提及的。然而，路德的神學學習同樣是透過奧坎的學統，尤其體現在加百列．比力的著作中。路德早期擔任神學教師時，講授彼得．隆巴（Peter Lombard）的《四部語錄》，並在此教科書及其他書籍上留下了註解，顯示出他所依據的經院學知識大多源於此學統。除了《四部語錄》之外，他還在安色莫（Anselm）、文都辣（Bonaventura）和奧坎的書籍上留下了註記，尤其在奧坎關於「量」與「聖體」問題的哲學與神學著作中，他甚至詳細訂正正文，成為其深入研究的證據。與此同時，他對司各脫展開了嚴厲批判，而對多瑪斯的言及則相對有限。

另一方面，路德對聖經和希波的奧斯定（Augustine of Hippo）非常熟稔。在他成為教授後，透過課堂講解《舊約聖經詩篇》和《新約聖經保羅書信》，他愈加發現聖經對人類和存在的詮釋，與經院神學背道而馳。因此，路德率先站出來批評贖罪制度（贖罪券問題），並在一五一六年秋季之後公開批判經院神學，領導神學改革運動，主張回歸聖經與奧斯定的教義。他批判的主要對象是奧坎學統的理論，即人能依靠與生俱來的能力，為接受神的恩典做好準備。路德不限於此，更直接對引用亞里斯多德哲學的經院神學展開批判。至於多瑪斯·阿奎那的學統，路德對其創始人提出強烈批評，並經常將「多瑪斯主義（者）」稱為「亞里斯多德主義（者）」。

在此情況下，路德批判的對象並非亞里斯多德哲學本身，而是它對神學的規範作用。正如技藝源自熟能生巧，若將「人因行為端正而成為端正之人」的哲學倫理學引入神學，便會主張人透過「善行」而成為「義人」，這與「人不是因行為，而是因基督之故，蒙神稱義」的信仰直接衝突。這反映了對存在與行為之間關係的不同理解，並進一步揭示了兩種根本性的區別：一方透過「類與種」或「實體與實質」來解釋人類，另一方則透過「在神面前、在人群面前、在自己面前」的關係性來解釋人類。奧坎將實在限於實體與實質，並以此框架來考量各種關係。因此，路德所說的「基督才是我們的實質」，雖然表面上看似荒謬，卻明確地揭示了雙方根本的差異。

專欄二
路德與喀爾文　金子晴勇

正如沒有人能完全擺脫時代的束縛，宗教改革者路德及其後一代的代表人物約翰．喀爾文（John Calvin, 1509-1564）同樣深受當時主流哲學的影響。十六世紀的支配性哲學是後期經院哲學，其中奧坎主義的「現代路線」與多瑪斯．阿奎那的「古典路線」相互對立。路德在學習時期深受奧坎主義的影響，甚至自稱為奧坎主義者；而喀爾文則在巴黎大學時期受到司各脫的影響。十四世紀後半，黑死病席捲歐洲，造成超過兩千五百萬人死亡。在這場慘烈的瘟疫面前，多瑪斯．阿奎那的理性世界觀無法應對現實，世人被迫以奧坎「神的絕對權能」的神學觀來面對這一悲劇。隨後，從神學到自然科學，各領域開始以「現代路線」的方式重新解讀經典，開啟了全新的詮釋與創造。

路德的宗教改革，表面上是對當時教皇政治弊端的批判性嘗試，但深入觀察會發現，它的根源並非來自政治領域，而是來自更深遠的信仰層面，即透過與神的關係來人格化地理解自我的「靈」與「靈性」。這一領域與其說是哲學的理性探索，不如說更涉及神祕的心靈與靈性。路德通常被視為基督教教義的改革者，但事實上，在恩師約翰．馮．施道比次（Johann von

Staupitz）的影響下，他深受中世紀神祕主義的影響。這一點在更具理性思維的喀爾文身上同樣明顯，喀爾文自年輕時期便開始關注心靈與靈性的問題。他們從神祕的靈性視角切入，為神學思想注入了新的創造力。這一視角後來被虔誠主義繼承，並與啟蒙思想展開對抗，甚至康德和德國唯心主義也深受其影響。此外，他們的信仰透過嶄新的職業觀，成為塑造近代社會的力量源泉。然而，隨著歷史的發展，這股力量逐漸衰退，並在信仰世俗化的過程中，逐漸化為時代的幽靈。

這段邁向近代的軌跡，被該時代的法蘭德斯派畫家老彼得・布勒哲爾（Pieter Bruegel the Elder），完美地展現在其幻想畫作《巴別塔》（*The Tower of Babel*）中。這座巴別塔被畫成一個缺少塔頂的圓錐形，其實缺少的塔頂相當於「靈」，下面的塔身則代表「魂魄與身體」。靈的部分嚴重受損，只殘留些許痕跡。即使還有靈，也只剩下殘渣。現代哲學史學家富蘭克林・包默（Franklin Baumer）捕捉到了這一意象，並用「斷頭的歐洲」（Truncated Europe）來形容世界大戰後的歐洲思想，這一表達意味著「失去頂點的歐洲」，展現了二十世紀「喪失對神的信仰」的世界觀，精確地把握了世俗化後近現代歐洲思想的全貌。

CHAPTER

two

第二章

西方近世的神祕主義

渡邊悠

西洋近世の神秘主義

一、神祕主義與愛智慧

哲學智慧的彼岸與神祕主義

首先，我們是否可以將「神祕主義」視為世界哲學中的一個問題呢？如果哲學的條件是「普遍性與理性」（請參考本叢書第一冊之序章），那麼這確實是一個值得正視的問題。翻閱各類百科辭典後，總體來說，「神祕主義」通常被定義為致力於直接且無媒介地與神的存有達成合一體驗的思想與實踐。在此前提下，「合一體驗」是一種個人的內在經歷，具有個別性且難以語言表達，因而被視為具有「不可共量的」（incommensurable）非理性特質。如此一來，若以「神祕體驗」為核心的神祕主義呈現出非理性的一面，是否就無法與哲學的理性特質相容呢？

近年的研究顯示，以「體驗」為核心的神祕主義，實際上是西方近代所建構的觀念。雖然本章無法深入探討「神祕主義」一詞起源中的複雜問題，但在此必須強調一點：探討「何謂神祕主義」時，必須審視這個詞在歷史上的具體使用方式。事實上，十九世紀西方創造並廣泛使用的「神祕主義」（mysticism）一詞，正是在近代西方理性主義、世俗主義及殖民主義推動下發展出的學術體系產物。該術語被用來形容西方內部與外部「他者」所展現的各種宗教性知識與現象。

近代產生的神祕主義概念，帶有對近代西方學術知識而言的「他者性」。例如，叔本華

（Arthur Schopenhauer, 1788-1860）深受印度宗教傳統的吸引，認為其中蘊藏著超越柏拉圖與康德的「神祕」智慧。當然，今天我們必須對這種觀點中潛藏的東方主義偏見展開反思。然而，無論是印度、中國，還是西歐基督教的神祕主義，它們對超越性智慧的追求，與西方哲學的探索相互重疊，並在這種交錯中共同形成了思想。這一事實，對於我們重新從根本上探討哲學的本質，無疑是思想史上一個極具啟發性的現象。這也讓人不禁聯想到，近年來在國際哲學界重新受到評價的哲學家亨利・柏格森（Henri Bergson, 1859-1941），在其最後的巨著《道德與宗教的兩個根源》（*Les Deux sources de la morale et de la religion*, 1932）中，神祕主義展現出異常強烈的存在感。

對隱藏的智慧的愛

倘若透過神祕主義的根本觀點來叩問哲學的原貌，那麼具體而言，有可能提出什麼樣的論點呢？筆者認為，可以從「對隱藏智慧的愛」這一描述情緒波動的視角來展開探究。

西班牙神祕主義以亞維拉的德蘭（Teresa of Ávila, 1515-1582）和十字若望（John of the Cros, 1542-1591）為巔峰，他們讓《道德與宗教的兩個根源》的作者——柏格森感到深深著迷。西班牙神祕主義中，首先能看到的一項特質就是散發於語言中的激情，而正是這股激情驅使著他們談論神。對德蘭與若望而言，神就是「神祕的上智」，「神祕的上智」就是神，絕非形上學的思辨對象。因此，神是如假包換的「情人」，他們在理解神之前，先是「愛著」神的人。

他們所吐露的愛之言語，在基督教靈性史上屬於《雅歌》詮釋的傳統譜系。《雅歌》是《舊約聖經》中的一篇，最初被認為是民間情歌或婚禮頌歌。然而，基督教將其解讀為新郎象徵耶穌基督，新娘代表信徒的靈魂，這也正是「神婚神祕主義」（bridal mysticism，以神與靈魂的婚姻為理想目標的主張）的開端。西歐基督教中，對《雅歌》做出決定性詮釋的是十二世紀的伯爾納鐸（Bernard of Clairvaux, 1090-1153）。他將《雅歌》視為頌揚神與靈魂之間「永恆婚姻奧祕」的文本，並以甜美的語言闡述其中的愛之世界。他還試圖將《雅歌》作為一部「經驗之書」來閱讀。當時正在興起的經院神學以論證為主，而伯爾納鐸強調經驗的態度，與之形成鮮明對比，並深刻影響了後世的神祕主義。在《雅歌》的詮釋傳統中，德蘭與若望尤為傑出。他們對神的描繪，並非出自思辨性的學術語言，而是充滿情感，甚至時而展露情慾的愛之語言。

在這一點上，西班牙神祕主義與德國神祕主義的譜系也形成了類似的對比。具備思辨特質的德國神祕主義與哲學有較多契合之處，而日本自京都學派以來，也開始推動相關的哲學研究。另一方面，儘管西班牙神祕主義中有如柏格森等人曾涉足其研究，但很難稱其為哲學研究的主要對象。總體而言，西班牙神祕主義大多被視為神學，甚至文學或詩學的研究領域。

在此，我想提醒的是，「哲學」（philosophia）一詞最初在希臘語中由「愛」（philein）和「智慧」（sophia）組合而成，意為「愛智慧」。在明治初期（一八七〇年代），日本啟蒙思想家西周（一八二九—一八九七）最初將「philosophy」翻譯為「希哲學」，後來才省略「希」字，簡稱為「哲學」。被省略的「希」字為「希冀」之意，是一種狀態動詞。當我們仔細思考「希冀」這個表達情感動態的詞彙時，似乎可以看到神祕主義與哲學之間的交集。筆者認為，近代神祕主義的特徵，正是一種無止境地希冀超越既有知識以外的根源知識（即神祕的上智）的運動。這種希冀，與其說來自思辨的智慧，不如說是源於「愛」更為恰當。這種希冀，是對智慧的愛戀，是對智慧不懈追求的智慧。

在本叢書第一冊第六章中，松浦和也指出，古希臘「哲學」的根本要素在於「認知到智慧的完全狀態與我們人類現狀之間存在著極其遙遠的距離，卻仍然努力朝著那個完全狀態前進的當下，所產生的謙卑與渴望」（此處強調並非原文）。這種「謙卑與渴望」正是神祕主義愛的言語的印記。近世神祕主義既不是將回歸神與神合一作為終極目的的思想，也不是將自己封閉於超越語言的非理性體驗中。雖然在討論無法言喻的神祕體驗時，有時有人會引用路德維希・維根斯坦（Ludwig Wittgenstein, 1889-1951）所提出的哲學命題——「凡不可說的，應當保持沉默」。然而，奧特嘉・伊・加塞特（José Ortega y Gasset, 1883-1955）卻評論道，維根斯坦將「述說」為主旨的哲學與訴諸無法言喻的「神魂超拔」（ecstasy）的神祕主義區分開來，但作為一名神祕學家，他卻是「最令人驚嘆的遣詞造句者、最精妙的寫手」。加塞特認為，神祕主義是一種卓越的語言活動，而在這一方面，哲學有許多值得向神祕學家學習的地方。

若聚焦於言語而非體驗，神祕家或許正是那些明知不可言說，卻仍然無法抑制述說衝動的人。他們深深愛戀著神這位無法窺見的他者，他們的言語由某種根源性的愛所驅動。本章討論的西班牙神祕主義兩大巨匠——德蘭與若望，在世界哲學史上，無疑是各自「對隱藏智慧的愛」的獨特見證者。

二、西班牙黃金時代與神祕主義

兩個方向——向外與向內

天主教國家卡斯提爾（Castilla，西班牙的前身）在伊比利半島上與伊斯蘭的對抗——即「收復失地運動」（Reconquista）——於一四九二年取得決定性勝利後，隨即展開對新大陸的征服，並在十六世紀進入了「黃金時代」（Siglo de Oro）。在這個時代，西班牙不僅掌握了西歐的政治霸權，還孕育出許多文學與美術史上的傑作。西班牙的氛圍既以中世紀以來的天主教主義為基調，又逐漸將近代精神推向巔峰，這種與基督新教圈截然不同的文化特色，正是近世西班牙的獨特魅力。

近世西班牙天主教的宗教歷史，乍看之下似乎有著兩個背道而馳的前進方向。舞台的一邊，是大航海時代的先鋒們，一次次向遙遠的國度出航，基督教傳教士在西歐對新世界的「發現」與征服史上扮演了重要角色。正如稍後所述，在全球傳教上起了決定性作用的，是由出生於巴斯克（Basque）的依納爵・羅耀拉（Ignatius of Loyola, 1491-1556）所創立的耶穌會。與羅耀拉並肩奮鬥的熱羅尼莫・納道爾（Jerome Nadal, 1507-1580）曾高喊：「世界是我們的家屋。」這充分顯示，在那個西方世界邊境以前所未有的規模向外拓展的時代，他們在傳教活動中展現出的極大熱情。

舞台的另一邊，則是一群神祕學家。他們深入靈魂內在的深處，大膽而細膩地描繪出他們的上帝經驗，開啟了靈性的新境界。首先必須提及的是近世初期西班牙語圈中興起的運動——「光照派」（Alumbrados）。總體而言，光照派具有「反教權主義」（anti-clericalism）的傾向，主張唯有透過個人的內在光照經驗，才能與神直接合而為一。

神祕學家強調屬靈生活的心理層面，重視向內沉潛。方濟各會士法蘭西斯科・奧蘇納（Francisco of Osuna, ca. 1497-1542）便是其中一位。他的著作《第三個屬靈字母》（*Third Spiritual Alphabet*, 1527），被譯為五國語言，廣受讀者喜愛，並深深影響了亞維拉的德蘭。該書的主題是關於「潛心」（recollection）的祈禱，這是一種將心靈脫離一切受造物，淨化靈魂內在，從而使精神全然集中於神的祈禱方式。據說，當抵達最高階段時，靈魂將達到與神合一的境界，甚至達到「成神」的層次。

另一位具有巨大影響力的西班牙神祕主義先驅是方濟各會士貝納迪諾・德・拉雷多（Bernardino de Laredo, 1482-1540），他也是極為重要的人物。德蘭在一五五六年閱讀了拉雷多的主要著作《攀登錫安山》（*The Ascent of Mt. Zion*, 1535）後，發現書中關於「什麼都不思考」的描述，正好解釋了她自己的祈禱經驗（《自傳》二三・一二）。拉雷多寫道：「因為在『什麼都不思考』中，包含著一個廣闊的世界；所以在全然的『默觀』（contemplation）中，同樣蘊含並保留著一切理想中的事物。」或許，這個時代的能量一方面被大量用於向外探求，另一方面也被用於深入靈魂的內部探索，最終轉變為一場開闢全新內在世界的靈性運動。

依納爵・羅耀拉與耶穌會

或許恰恰相反，正是內在的靈性能量，推動了近世西班牙成為大航海時代的霸主——至少對於宗教改革後，天主教會中擔負靈性重塑主力並引領全球傳教的耶穌會，可以從這個角度來理解。耶穌會創始成員之一的方濟各・沙勿略（Francisco Xavier, 1506-1552）首次將基督教引入日本，這一點廣為人知（詳見本書第五章）。耶穌會的特徵在於其強大的機動力和行動力。與專注於修道院內祈禱、靈修的「默觀修會」相比，耶穌會常被視為典型的「活動修會」，走出修道院，從事牧靈與傳教活動。然而，自二十世紀中葉以來的研究開始關注初期耶穌會的神祕主義傾向，並揭示出他們以「愈顯主榮」（Ad Majorem Dei Gloriam：為了更加彰顯主的榮耀）為口號的對外活動，與其內在的靈性探求密不可分，兩者相輔相成，無法割裂來看待。

耶穌會士的行動力源自創會者羅耀拉所整理的祈禱指南書《神操》（*Spiritual Exercises*）。實踐此書的人會在靈修指導者的帶領下，透過具體想像耶穌在世時的各種情境並進入冥想，並觀察靈魂內部的變化，將其作為在世間應遵循的生活準則——即神所賦予的指引。這套宛如為現實生活開出的默觀處方，其構想源於一五二二年，羅耀拉在西班牙東北部曼雷沙（Manresa）洞穴修行時，經歷一系列光照體驗後所獲得的洞見。這是「讓他的一切如同以全新姿態展現的偉大光照體驗」（《自傳》）。自此，羅耀拉踏上了「拯救靈魂」的道路，他希望透過《神操》一書，使其他耶穌會士也能分享他的靈性體驗。

羅耀拉的神祕主義以「有行動的默觀」（contemplative in action）為最終目標。據說，他晚年達到了一種境界，雖然經歷過無數屬靈的幻視和撫慰人心的恩典，但那些撫慰幾乎已如同生活中的日常小事般平凡無奇了（《自傳》）。在一五五一年六月的一封書信中，羅耀拉告誡正在學習的學生們，應將學問作為本分，避免過度耗費時間於冥想。他寫道：

> 正在進學的學生們，可在世間的一切事物中，為探求我們的主而努力。即使是在與某個人的對話中，或在任何地方看到、嚐到、聽到、想到的事物中，換言之，在我們自己所做的每個行為中，都能尋求我們的主。（Écrits, DDB, 1991, p. 786）

巴洛克時期最偉大的耶穌會神祕學家尚—約瑟夫・蘇林（Jean-Joseph Surin, 1600-1665）在描述

「真正的內在」時提到，羅耀拉「在市集中禱告，就如同在禱告室裡禱告一般容易」（《靈修指南》（*Spiritual Guide*），二．八）。對羅耀拉而言，默觀與行動不應被區分，或者說，儘管西方近代將宗教領域與世俗領域的區分視為社會結構的前提，這兩者對於羅耀拉來說卻是無法明確劃分的。人類的所有經驗，都能成為神臨在的場所。這一點對於理解羅耀拉、耶穌會，乃至於近世西班牙神祕學家的活動至關重要。乍看之下似乎相互矛盾的兩個面向，在他們的生命中錯綜交織，這也賦予了他們的語言一種獨特的張力。

三、亞維拉的德蘭

經驗的智慧

西班牙神祕主義，特別是德蘭的神祕主義，從近代延續至現代，深深影響了我們對「神祕主義」的詮釋。近代普遍認為，神祕主義的本質必須透過神祕體驗才能真正理解，而這種詮釋方式很大程度上源於德蘭。然而，不可否認的是，德蘭對神祕體驗，尤其是神魂超拔的詳細描述，為後世帶來了極大的震撼。其中，她在大約一五六〇年左右的體驗，更是廣為人知：

我看見手執一支金質長矛的天使。長矛的矛尖處似乎有著小小的火花。他時而把長矛貫穿

貝尼尼，《聖女大德蘭的神魂超拔》，一六四七至一六五二年作品，收藏於羅馬的勝利聖母教堂。

我的心臟，刺入我的內臟。當他拔出長矛時，彷彿要將我的內臟也拔出來一般，讓我完全燃燒在天主的大愛之中。（《自傳》二九．一三）

當時，正值反宗教改革勢力試圖透過視覺呈現神蹟，以激發信眾的想像力。在這樣的背景下，德蘭所經歷的天使以火矛貫穿心臟的感官幻視體驗，極具戲劇性和奇觀性，並在十七世紀的巴洛克藝術中栩栩如生地展現了出來。尤為著名的是由吉安．洛倫佐．貝尼尼（Gian Lorenzo Bernini）創作的雕像，它使德蘭的神魂超拔經驗成為基督教歷史上最具知名的神祕體驗之一。這座雕像不僅成為喬治．巴代伊（Georges Bataille）在《情色論》（*L'Erotisme*, 1957）及雅各．拉岡（Jacques Lacan）在《第二十研討班：安可》（*Seminar XX: Encore*, 1957）等討論神祕主義的著作中的重要題材，也多次登上雜誌封面。

然而，如後所述，這類神祕體驗至少對於晚年的德蘭來說，已不再具有同樣的重要意義。這並非表示她的體驗可以用現代心理學所定義的「意識的變化狀態」（altered state of consciousness）[1]來解釋。她確實是一位強烈情感性經驗的體驗者，而非形上學式的思辨沉思者，

1 譯註：指因冥想、致幻藥物、催眠和生理病變等因素導致的明顯不同於正常清醒時意識狀態的其他意識狀態。

但關鍵問題應該聚焦於這些經驗的內容究竟是什麼。

從最早的著作《自傳》（初稿於一五六二年）到最成熟的著作《靈心城堡》（*Interior Castle*, 1577），德蘭的神祕主義一貫地奠基於「經驗」之上。「正因我是根據經驗知道此事，所以我要說出來。」（《自傳》一一・一三）「我是透過許多經驗得知此事。」（《自傳》三〇・九）既然她的神祕主義是以經驗為基礎的知識，那麼這種智慧並非來自瞬間體驗的超常知覺，而是經過時間沉澱，在實踐中學習並逐漸成熟的成果。她同樣要求自己指導的女修道者，應具備這種層次的經驗。「我想告訴你們的事，若沒有經驗將難以理解。」（《靈心城堡》一・二）

德蘭對經驗的強調，與她身為「女人」的自我意識和自我認同密不可分。她有時以自嘲的方式，帶著幽默強調自己是「女人」，因此愚昧無知。在她的靈性導師——那些「男人」的神父們面前，她坦承自己缺乏學問，表現出謙遜的態度，但實際上，她勇敢地表達自己的話語是基於與男性思辨學問不同的經驗智慧，並強調這種智慧唯有透過這樣的經驗才能獲得。她認為，神的愛只能藉由這樣的經驗——女人的經驗——才能被真正認識。「未曾經歷過這種愛的偉大熱情之人，恐怕無法理解那是什麼。」（《自傳》二九・九）

默觀與行動

上帝與愛祂的靈魂同在。德蘭經歷了各式各樣的神祕體驗，並透過內在且被動的默觀生活獲得這一洞察。與此同時，她為了加爾默羅會（Carmelites）的改革和創立新修道院的使命，過著充滿具體且充滿活力的行動生活。那些被貝尼尼雕像上性感而銷魂表情所吸引的人，往往忽略了德蘭也是一位「有行動的默觀」實踐者。從一五六七年八月在梅尼納德爾坎波（Medina del Campo）創立修道院開始，直到一五八二年去世為止，她在西班牙各地共創建了十八座女修道院和十四座男修道院（若望是她創建男修道院的重要協助者之一）。這段艱辛的創建歷程被她在《建院記》（*Book of Foundations*）中生動地記錄下來。

正如德蘭的最高傑作《靈心城堡》所述，對她而言，愛上帝與愛鄰舍是兩條必須遵守的終極戒律（一・二二・一七）。然而，自二世紀以來，這兩種愛的關係在基督教歷史上與希臘哲學產生了複雜的交織。「默觀生活」（希臘語：bios theoretikos）與「行動生活」（希臘語：bios praktikos）是亞里斯多德區分的概念，前者指的是脫離社會日常、以思索終極真理為目標的哲學家生活，後者則是指在希臘城邦中過著平凡日子的其他市民生活。對認同這種區分的希臘人來說，默觀生活優越於行動生活。另一方面，為基督教教義奠定基礎的古代教父們認為愛上帝與愛鄰舍密不可分，但他們同時受到希臘哲學的影響，而主張默觀生活優越於行動生活，並教導信徒愛上帝的愛是更加屬靈且卓越的愛。

整個中世紀充斥著「愛鄰舍劣於愛上帝」、「行動劣於默觀」的觀點，這一看法的根據來自《路加福音》中的「馬大與馬利亞」的故事（一〇・三八—四二）。姐姐馬大忙於伺候耶穌的情景，通常被視為行動生活的象徵；而妹妹馬利亞坐在耶穌腳前專注聽祂講道的姿態，則象徵默觀生活。當馬大請求耶穌讓馬利亞來幫忙時，耶穌回答說：「馬利亞已經選擇那上好的福分」。這一回應被解釋為神的語言顯示出默觀生活的優越性。

對這種詮釋提出根本質疑的是埃克哈特・馮・霍赫海姆（Eckhart von Hochheim, ca. 1260-1328），他被認為是中世紀後期最偉大的神祕學家之一。埃克哈特主張，馬大因為為神而行動，才是活在理想境界中的人。正因如此，馬大擔心馬利亞過於沉浸在聆聽教義的喜悅中，而忘記了靈性的真正提升，最終可能受困於自己的慾望。至於耶穌所說的「馬利亞已經選擇那上好的福分」，埃克哈特提出了技巧性的解釋，指出這句話不應該被理解為默觀生活優越於行動生活的證明：

> 馬大啊，不必擔心，馬利亞已經選擇了最上好的福分。現在的狀態終將結束，她也終將提供受造物所能提供的最上好的服侍。她也將會如妳一般，蒙受信仰之福。（埃克哈特著，《德國神祕主義叢書2》，上田閑照譯，創文社，二〇〇六年，頁一四三）

關於行動者馬大與默觀者馬利亞的關係，德蘭的詮釋正承繼了埃克哈特的觀點。德蘭在《靈心城堡》的〈第七重住所〉中，將人的靈魂比喻為神居住的水晶城堡；城堡內有七重住所，靈魂會在最深處的第七重住所中，與神完成屬靈的婚姻。在整篇的結尾，德蘭向她指導的女修道者們呼籲道：

為了讓主在此落腳，讓主時時刻刻與自己同在，也為了款待主，使主有食物享用，所以馬利亞和馬大必須無時不刻地合作。馬利亞總是坐在主的腳前，若是少了馬大的協助，要如何款待主？我們要竭盡所能為主張羅膳食，將眾人的靈魂帶到主的跟前。（《靈心城堡》七．四．一二）

在靈魂與神完成屬靈婚姻的〈第七重住所〉中，與《自傳》等書中所描寫的強烈而深刻的神祕體驗不同，靈魂充滿了一種寧靜祥和的氛圍。對於處於這個階段的靈魂，神的臨在被比喻為：一位雖看不見身影，但確實存在於無燈火的暗室中的友人。這種「黑暗中的臨在」與神祕體驗中那種清晰明確的神的臨在，形成了鮮明的對比。德蘭對於這種「黑暗中的臨在」的以下描述，尤其值得我們注意。

請你們留意一件事，神的這種臨在，不會如同最初顯現之時，或在某種情況下神為了給予慰藉之時那般完全，換言之，這種臨在並不明確。因為如果祂完全而明確地展現自己的話，靈

魂恐怕就無法思考其他事物，也無法生活於人群中了。（《靈心城堡》七．一．九）

神的「臨在」在那些鮮明的神祕體驗消失後，仍會長久伴隨著「生活於人群中」的靈魂。換句話說，這種臨在會伴隨那些不是因直接體驗神，而是因出於對鄰舍的愛而展開行動的靈魂。即便看不見神的身影，祂依然在我們身旁。德蘭這樣的描述，實際上也可以視為她晚年時靈魂境界的一種自述。

女人的言語

「終究，我是女人，而且是個壞女人，不是好女人。」（《自傳》二八．四）

德蘭在其著作中反覆提到「女人的弱小」，包括她自身。這所謂的弱小，首先指的是缺乏學問。學問屬於男人的領域，但正如前述，當她強調女人的卑微時，表面上看似自嘲甚至自虐，然而她的言語時而轉變為大膽的主張，彰顯出女人的優越性，因為女人能更接近超越學問的神。如果神的智慧是必須透過經驗而非神學，透過愛而非學問知識才能獲得，那麼那些被學問結構性排除在外的女人，反而更加接近神的智慧。

還有一點與此相關，值得我們注意的是讀神言語的女人們的話語。德蘭說：「主的話語，一句之中隱藏著千百種祕義，連最初步的含意，都超越了我們的理解能力」（《默想雅歌》

（*Meditations on the Song of Songs*）一・二〕。這裡的「我們」首先指的是德蘭以及她所指導的女修道者們。德蘭認為，她們與透過學問追求真理的男人不同，並斬釘截鐵地表示：「女人只要擁有自己能理解的事物就足夠了。」

但這句話絕非謙遜之詞。因為這句話證明了德蘭深信的一點——「當主要讓我們獲得更多領悟時，我們反而什麼也不想、什麼也不做，自己便能領悟出來。」神的智慧超越所有人類的智慧，無論男女。這樣的智慧應當是被賦予的，而非藉由尋找獲得的；應當是被翹首期盼的，而非透過窮究獲取的。

如果說明與釋義並非目的，那麼德蘭究竟如何閱讀神的語言呢？對此，她說：神的語言超越人類的智慧，當我試圖閱讀這樣的語言時，對我而言，閱讀本身就是一種極大的撫慰與喜悅，對你們來說也應該如此。以下引用的是她在文本結尾所寫的話語：

> 我所說的話若有什麼可取之處，那也不是出自於我，你們應該十分清楚。（中略）請向主祈求這裡所寫的內容，祈求透過經驗得知的恩典。覺得自己領受到其中任何一項恩典的人，請讚美主，別將從中蒙受的美好當作專屬自己的，請祈求主也施予我相同的恩典。（《默想雅歌》七・一〇）

對那些戀慕神隱藏智慧的女人們所說的話語，本身就具有祈禱的特質。這些話語所要表達的，不是人類智慧無法觸及的神的真理，也不是個體封閉的獨自經驗，而是閱讀和談論神的話語所帶來的喜悅本身。這種喜悅，正是透過你我之間的分享與共同體驗，變得更加深刻的喜悅。

四、十字若望

詩與散文

一方面，由於若望不像德蘭那樣直率地講述自己的內在經驗，因此從史料中了解他一生內在的變遷相當困難。不過，從他成為加爾默羅會內守舊派攻擊的目標來看，他在一五七七年十二月至一五七八年八月間，長達九個月的托雷多（Toledo）修道院幽禁經驗，顯得尤為重要。若望在那黑暗狹窄的監牢中，寫下了多篇詩作，這些作品也成為我們今日所知的他最早的著作。如今，他的作品被譽為西班牙文學史上的瑰寶，但也正是苛刻的監禁生活，釋放了詩人的創造力。

若望自從在托雷多寫下詩歌後，便展開了他的寫作之旅，透過文字表達滿溢的上帝之愛（既是對上帝的愛，也是來自上帝的愛）。與德蘭相似，對若望而言，他在述說神時，也是將〈雅歌〉視為神與靈魂的屬靈婚姻，並以此作為核心思想。若望在《靈歌》（*Spiritual Canticle*）的開篇中解釋道，他的詩歌述說的是人類語言無法完全表達的上帝之愛，因此必然會像〈雅歌〉一樣，使用各種象徵和譬喻。他是這麼說的：

> 這些詩篇是在充滿神祕智慧的愛中完成，既無從解釋清楚，我也並不想這麼做，我只求能帶來些許一般性的光芒。（中略）因為，為愛而存在的神祕上智——這些詩篇所談論的正是這種上智——無須被人清楚地瞭解，便能在靈魂中產生愛和情感。信仰也是如此，我們不理解神，卻愛著神。（《靈歌》前言）

一般認為，若望的四部主要作品分別為《攀登加爾默羅山》（*Ascent of Mount Carmel*）、《心靈的黑夜》（*Dark Night of the Soul*）、《靈歌》和《愛的活焰》（*Living Flame of Love*）。然而，這些作品的寫作風格相當獨特，都是他為自己的抒情詩附上註釋的作品。對於神祕學家而言，試圖述說那些不可言說之事，或許比起說什麼，如何說（如何編織語言）才是至關重要的課題。如果我們要理解若望的神祕主義，那麼思考這種詩歌與散文交織的寫作風格所具有的意義，將是不可或缺的。

關於這一點，我們不妨參考米歇爾・德・塞杜（Michel de Certeau, 1925-1986）的洞見，他為神祕主義研究開拓了現代的境界。「這兩種敘述方式〔詩歌和散文〕就像柏拉圖的《饗宴》（*Symposium*）中所描述的「雙性性格」（androgyny）的兩個半身，一方呼應著另一方，彼此尋求、呼喚、轉變與纏繞。透過分化與區分，這兩者之間產生了一種神祕的聯繫。它們互不排斥，彼此也不是作品的『真理』。這兩者的分化，以及它們之間的裂縫，形成了『沒有一方，另一方也無法存在』的動態」（*La fable mystique*, t. 2, Gallimard, 2013, p. 123-124）。詩歌與散文這兩種不同的文體，雖然性質各異，卻彼此呼應，並在它們之間誕生出全新的語言。

黑夜

黑夜中，
愛如焰，期盼如焚，
啊，幸福好運！
我離去，未受留意，
吾室已然悄如眠。（奧村一郎譯）

「黑夜」是讓若望富有意象的愛之語湧出的泉源，是讓他的言語在其中開展的舞台，又或是為其拓展新視野的「動力因」（efficient cause）。黑夜可說是若望的神祕主義的根源之詞，但為何要用黑夜一詞呢？

若望在其首部著作《攀登加爾默羅山》中舉出三個理由，說明他為何將「靈魂朝與神合一前行的路程」稱為黑夜（一·二·一）。第一，當靈魂朝神前進時，必須斷絕對所有受造物的慾望，這項要求帶來的剝奪與匱乏，對還在出發點上的人而言，感覺就如同黑夜一般。第二，在朝著神前進的途中，靈魂所行走的道路是信仰，但這信仰對理性而言，如夜一般黑暗。第三，神是靈魂要去到的終點站，但對在世者而言，這個終點站是一種超越人所能認知的黑夜。這三種黑夜的分別相當於傍晚、午夜和黎明。

其中最黑暗的夜是午夜，換言之，就是信仰的黑夜，也被稱為理智的黑夜。因為基督教認為，信仰是關於神的事物，超越人的理智所能掌握，因此自尼撒的格雷戈里（Gregory of Nyssa, ca. 335-394）、偽狄奧尼修斯（Pseudo-Dionysius the Areopagite，約西元五世紀末至六世紀）以來，希臘神父就會用「黑暗」來比喻信仰。若望的黑夜雖也沿用了這樣的比喻，但相較於其他人，他最醒目的特徵在於，他主張無論是物質上的，**抑或是屬靈的事物**，再怎麼獨特的認知或體驗，皆會在我們向神前進的路上造成阻礙，因此必須加以排拒。連幻視、啟示等「超自然的恩典」都應當加以排拒，將其遺留在信仰的暗處，這是若望的「虛無之道」的條件。這種說法與獲得光照體驗的德蘭的話語，恰好形成對比。所有「明確而個別的」事物，都會阻隔神、妨礙合一，而須加以拒絕，唯有處於「黑暗、曖昧、縹渺的」觀念中的信仰，才是受到肯定的（《攀登加爾默羅山》二．一〇．四）。我們也可以說，若望對於信仰的基準，與笛卡兒式近代哲學的真理基準——「清楚明確」——恰恰相反。

若望的黑夜，嚴格地排除所有對於非神的認知與體驗的執著，其中確實有著使靈魂承受靈性上的荒蕪、乾渴與劇烈苦痛的一面。若望說，行走於黑夜的靈魂，時而會淪陷於遭神遺棄的絕望感中。這種關於黑夜的否定性質，在繼《攀登加爾默羅山》之後的《心靈的黑夜》一書中，又被描述得更加明確（二．六．二等）。

信仰的黑夜終將迎接黎明的到來。若望在該著述中，四度引用偽狄奧尼修斯的《神祕神學》（*The Mystical Theology*）中的「幽暗光線」的說法，這一點也十分值得注意。但若望的「幽暗光線」不同於偽狄奧尼修斯與其後的神祕神學家談論的形上學性質的「神的幽暗」，而是在揭露靈魂希冀神而不可得的內在痛苦經驗。它也不是在知性認知彼岸的非知性的幽暗，而是信仰之路本身。而且，在黎明來臨之後，仍會存在著某種**幽暗**，關於此點後面會再詳述。

愛的火焰

然而，若望的黑夜絕不能被視為神的反面。那種「黑夜中愛如焰」的焦灼與難耐，正是他神祕主義的精髓。若望描繪道，那些信徒戀慕著看不清的神，在黑夜中猶疑徘徊，他們的靈魂在「愛的火焰」中燃燒。「落入這黑暗困境時，靈魂對神懷有某種感覺或預感，並因強烈的上帝之愛而感到猛烈、尖銳的痛楚。（中略）此時，靈魂會感受到被愛的火焰灼燒。這種靈魂的燃燒，會激發出對愛的熱情。」（《心靈的黑夜》二‧一一‧一—二）此時，對神的信仰成為了一種「黑暗、曖昧、縹渺，卻充滿愛意」的體驗。若望的黑夜，在瞬間從冰冷轉變為某種讓靈魂焦灼不已的「熱」，這既是一種信仰理論，更是「愛」的教誨。

《攀登加爾默羅山》與《心靈的黑夜》本應編輯成為對同一詩歌的註解，合為一書，然而最終未能完成。若望在這兩部作品中對上帝之愛的敘述，在隨後的兩個文本《靈歌》與《愛的活焰》中變得更加大膽。《靈歌》以「究竟藏身於何處／心愛的祢，獨留我喟然嘆息」開頭，內容包括四十節詩篇及其註解，更直接呈現了〈雅歌〉的主題，講述的是神與靈魂之間的戀愛與婚姻。而《愛的活焰》則以「啊，愛的活焰！／溫柔地傷害我／在我靈魂最深處的中心！」開頭，內容包括四節詩篇及其註解，描述的是在《靈歌》中已成就的屬靈婚姻，隨著婚姻的完成，愛的火焰愈加熊熊燃燒。

依據先前提到的「暗夜」三個階段的區分，《靈歌》和《愛的活焰》這兩部作品的主題，是靈魂在經歷最黑暗的夜晚後，迎向黎明時內心燃燒的神之愛。在「夜」這一意象的背景下，作品更進一步將「火焰」這個具有多重含義的意象推到前景，強調了靈魂與上帝之愛在黑夜中逐漸昇華的過程。

然而，黎明曙光仍不是白晝的光。關於這一點，可以參考若望為《靈歌》其中一節詩

「〔祂〕是向晨時分的／寧靜之夜／是沉默無聲的樂音／是萬籟交響的孤獨／是為愛陶醉的幸福晚宴」（第十五首詩）所寫下的註釋：

此處，將神性的光稱作「向晨時分的」光，亦即稱之為早晨，是十分恰當的。因為，正如破曉後，夜晚的黑會被驅散，白晝的光會顯現一般，靜靜歇息在神裡的這個靈，也從自然認知的幽暗，被提升到神的超自然認知的晨光中。這種認知並非光明的，而是如同「向晨時分的」夜晚般黑暗，正如同前述。「向晨時分的」的夜晚，既不是完全的黑夜，也不是完全的白晝，而是介於兩者之間。（《靈歌》一四—一五．二三）

必須注意的是，若望所說的黑夜中的「黑暗」具有多重意義。靈魂在朝向與神合一的過程中能驅散「自然認知」的黑暗，但其所迎向的黎明中的「超自然認知之光」依然是黑暗的。這種光與其說是視覺上的光，不如說是靈魂在信徒渴望那無形之神時，因愛的火焰燃燒所發出的熱。若望指出，「充滿愛的超自然觀念」猶如「炙熱加熱時所散發出的光」。因為「這種光也是由熱愛所產生的光」（《愛的活焰》三．四九）。這正是若望被稱為「熱的神祕學家」而非「光的神祕學家」的原因。順帶一提，在描述與神的相愛關係時，比起視覺（觀看），他更重視的是觸覺（觸摸）。

經院神學式的敘述口吻仍然存在於《攀登加爾默羅山》和《心靈的黑夜》之中，這點可從遣詞用字及概念區分中看出。然而，在《靈歌》和《愛的活焰》中，這種風格變得不再明顯，取而代之的是一種更加悠閒自在的語調，運用了更多樣且神祕的譬喻與象徵。前文提到，德蘭的體驗與若望的「虛無之道」性格形成對比，但若望在黑夜中描述愛的火焰燃燒的語言，讓人聯想到德蘭以「女人」身分表達時的大膽風格。德蘭對若望的影響（或相反）尚未因史料不足而得到充分研究，但值得強調的是，若望的詩歌註解，往往是應女修道者的請求而作，專為她們而寫。若望的愛之言語，並不僅僅存在於他自己與神之間，而是存在於共同渴望神的我們之中。

五、神祕主義的去向

十六世紀西班牙和十七世紀法國達到顛峰的近世神祕主義（la mystique），隨著啟蒙時代的到來逐漸式微。直到十九世紀中葉之後，隨著現代神祕主義概念的形成，才被「重新發現」。

從近代直至現代，德蘭與若望的神祕主義經常受到片面性或兩極性的評價，甚至自十七世紀起便已出現這種傾向。關於德蘭，如前所述，普遍強調她的情緒性體驗。特別是十九世紀後半誕生的神經病理學和精神分析學，尤為如此，將德蘭的神祕體驗視為女性歇斯底里症的典型案例。至於若望，最受矚目的是他的「虛無之道」與「冰冷夜晚」的面向，他經常被視為徹底批判神祕體驗的嚴格神祕學家，與德蘭的形象形成對比〔若利斯—卡爾．于斯曼（Joris-Karl Huysmans）等人〕。

然而，這類詮釋未能真正捕捉到德蘭與若望神祕主義的動態。被忽略與輕視的，是關於「語言」與「愛」的核心問題。神祕學家們的話語中，蘊含著對神聖智慧的深切戀慕，但這戀慕並不關乎自我封閉。重新閱讀近世神祕學家的話語，與重新探究「愛智慧」的哲學本質，似乎在某種本質層面上是相通的。

關於亞維拉的德蘭和十字若望的著作之引用，參考的是以下日文譯本（部分譯文有經過修改）。

亞維拉的德蘭：《耶穌的聖德蘭自傳》，東京女子加爾默羅會譯，唐鮑思高社，一九六〇年。《靈心城堡》，鈴木宣明監修，高橋德蘭譯，聖母騎士社，一九九二年。《耶穌的聖德蘭小品集》，東京、福岡女子加爾默羅會譯，唐鮑思高社，一九七一年。

十字若望：《攀登加爾默羅山》，奧村一郎譯，唐鮑思高社，二〇一二年。《黑夜》，山口女子加爾默羅會譯，唐鮑思高社，一九八七年。《靈歌》，東京女子加爾默羅會譯，唐鮑思高社，一九六三年。《愛的活焰》，佩德羅．阿魯培（Pedro Arrupe）、井上郁二譯，唐鮑思高社，一九八五年。

延伸閱讀

路易．科涅（Louis Cognet），上智大學中世思想研究所翻譯、監修，《基督教神祕思想史三近代的靈性》（*Histoire de la spiritualité chrétienne-IV L' essor de la spiritualité moderne 1500-1650*，平凡社，一九九八年）——第一部分是探討西班牙，第二部分是探討十七世紀法國。蒐羅了龐大數量的人名與書名，能給予讀者近世天主教神祕主義的相關基本知識與全面性觀點。書末的日文文獻目錄也十分便利。

鶴岡賀雄，《十字若望研究》（創文社，二〇〇〇年）——用法國現代思想，尤其是用關於其語言的見解，精緻而富有詩意地解讀出，潛藏在若望這個「熱情的神祕學家」的文本中的意象理論。此書不但將以往的神祕主義詮釋加以擴充，也早早為日本人揭示出，研究現代神祕主義的可能性。

上田閑照，《非神祕主義：禪與埃克哈特》（岩波現代文庫，二〇〇八年）——一邊將合一經驗視為神祕主義的極致，一邊以獨自的創見指出，逐步擺脫合一經驗的「非神祕主義」才是「真正的神祕主義」。本章所論及的埃克哈特關於「馬大和馬利亞」的寓意，是其重要的思考關鍵。

宮本久雄，《保羅的神祕主義：開闢與他者共生的新境地》（東京大學出版會，二〇一九年）——保羅將耶穌所彰顯的上帝之愛，稱作「神祕」。此書就是在這樣的保羅身上探索「共生」的可能性，以試圖克服現代世界的危機。作者為基督教對神祕的解讀，賦予了更深刻、更嶄新的詮釋，同時帶領讀者思考，對近現代智慧的根本性的叩問中，「神祕」一詞的出現，究竟具有什麼樣的意義。

CHAPTER

three

第三章 西方中世紀的經濟與倫理

山內志朗

西洋中世の経済と倫理

一、中世紀的經濟思想

商業革命

當我們展望中世紀末至近世的世界哲學時，經濟活動的急劇發展無疑是一個不容忽視的環節。人類進入大航海時代後，世界逐漸形成了一個緊密連結的體系，經濟活動成為這個體系的「動力因」，因此哲學也不得不對經濟活動展開思考。

中世紀的經院哲學中竟包含了經濟學，這實在令人意外。一般認為，經濟學的歷史始於亞當・史密斯（Adam Smith, 1723-1790）。但事實上，日本的上田辰之助（一八九二－一九五六）早在二次世界大戰前就開始投入多瑪斯・阿奎那的經濟學研究，並證明了經濟學在中世紀的存在。不僅如此，最近甚至有人主張，資本主義的萌芽早在中世紀就已出現。

中世紀的經濟學對現代人來說相當難以理解。然而，自古以來，人類便以相當理性的方式思考經濟活動的運作體系。經濟活動的發展永遠超前於經濟學的研究，但中世紀存在經濟學並不令人驚訝。中世紀並非停滯不前，而是一個劇烈變動的時代。十二、十三世紀是遠地大規模商業交易的發展時期，稱之為「商業革命」的時代亦不為過。

商業所產生的利潤，自古以來便屢屢遭到非難，但從中世紀中葉開始，這種利潤開始被正當化，利息也被公開允許。換言之，當商業活動所產生的收益延遲或損失時，教會允許商人收取賠償金。市場的功能為人類的倫理與心性注入了「偶發性」、「風險性」和「不確定性」等概念。

打破當時市場封閉性、活化經濟活動的，是維京人及騎馬游牧民族等大規模移動的群體。這類群體在中世紀逐漸增多。蒙古帝國貫通歐亞大陸東西，使人們受到影響，開始了遠地之間的物資交易。由於遠地物品的稀少性而受到珍視，加上運送費用，這些物品因而以高價交易。交通的發展大大創造了新的價值。

即使現實中的經濟活動十分活躍，也不代表經濟學思想會隨之全面展開。在構建中世紀經濟學架構時，討論的主題多侷限於「公正價格論」和「放貸取利論」。中世紀經濟變革的核心，不僅包括商業革命，還涉及理論框架上的「典範轉移」（paradigm shift）。其中一個重要焦點是「放貸取利」（usury）。這一術語指的是「利息」的運作方式，但往往被譯為「高利貸」，因為該詞具有特殊含義且夾雜著心理上的排斥感，這一點將在下節中展開討論。

自古希臘時代以來，所有經濟行為都以等價性為準則。在借貸方面，即使經過一段時間才歸還，基本上歸還的金額也與本金相同，並不收取利息。無論是在羅馬法（市民法）還是教會法中，皆是如此。

這種以等價性為基本原則的理論框架，實際上與現實情況不相符。儘管法律表面上不承認利息，但在實際運作中卻不得不以其他名義來承認相當於利息的代償。當時，主要是以「發生損害」和「利潤損失」等名義收取費用，其中尤以「海上保險」為重要。雖然收取的不是利息，但習慣上常藉著損害賠償的名義，要求償還高於本金的金額。

這種經濟架構一直持續到十三世紀。到了十三世紀末，肯定利息的理論開始出現。這不僅是經濟史上的一個問題，更是對法學、哲學、神學等學科基本框架的根本性變革。

放貸取利與利息

在教會法中，要求償還超過本金的金額，就是「放貸取利」（usury），這是一種被極端厭惡的行為。所謂「放貸取利」是指對貨幣的使用收取使用費。早期基督教本質上是一個以救助貧困、病弱等社會弱勢為目的的宗教運動，因此他們憎惡富有與貨幣，並遠離商業金融活動，這種傾向也一直延續到了中世紀。

放貸取利與利息事實上是同一件事。不過，儘管放貸取利被禁止，利息仍以各種名義存在於現實制度中，而這種情況在倫理神學上遭到嚴厲譴責。只要是倫理神學不認可的事，便難以在世俗情境中正大光明地被使用。放貸取利直到十八世紀才全面被社會觀念所接受，但早在十三世紀，倫理神學中已出現允許放貸取利、承認人們從事商業與金融活動的思想。

放貸取利被中世紀的經院學者認為是一種最大的社會危害。當時的人認為，放貸取利者

（放高利貸者）罪大惡極，他們活著時會遭受「欣嫩子谷之火」（麥角中毒）[1]的燒灼，忍受劇烈的痛苦。即使在臨終時想要告解，也因為一開口就噴出火焰而無法告解，或者因來不及告解而猝死。他們一方面是社會中不可或缺的存在，另一方面卻又被如此詛咒和厭惡。

然而，這種放貸取利僅發生在與「消費借貸」相關的情況下，其他契約形態則不在此列。「消費借貸」是羅馬法中的基本交換關係，形式上幾乎等同於「買賣」，但其內涵卻有所不同。消費借貸是一種借貸行為，適用於可替代的商品，其實體本身便是所借貸的對象。換言之，這類借貸適用於使用後會因被消耗而消失的物品。這些物品會被消費掉，但仍被歸類為借貸。可替代的商品包括穀物、葡萄酒、金錢等；而不可替代的商品則包括房屋、土地、馬匹等，後者的借貸則被稱為「使用借貸」。

可替代的商品是指經過使用後會消失的商品，這在思考貨幣概念時是一個決定性的重點。在中世紀，貨幣被視為可替代的商品，論據在於金錢是無法生產、也無法結果的物品。這是在羅馬法中早已存在的消費借貸規則，並且在教會法中也成為牢不可破的常識。

消費借貸與利息

消費借貸以不收取利息為重要基本原則。《格拉提安教令集》（*Decretum Gratiani*）明言：「要求償還超過本金的物品，即為放貸取利。」放貸取利被視為違反正義的罪行，而且罪大惡極。尤其「放貸取利」是在盜竊時間，而時間屬於神的領域，因此被視為一種買賣聖物的行為。

放貸取利是違反「愛鄰舍」的行為，堪稱下地獄的重罪。在每年一次的義務性告解中，這是必須申告的事項，因此中世紀的《補贖手冊》（*Libri Poenitentiales*）中一定會有關於放貸取利的章節。然而，自十二世紀末以後，狀況逐漸改變。隨著遠地交易愈加熱絡，製作大型船隻所帶來的利潤暴漲，同時遇難的損失與風險也愈加顯著。利益損失與損害的發生，必須以「損害賠償」（inter-esse）的名義計入價格中。inter-esse一詞的原意是「存在於兩者之間的、具有關係的」，在經濟價值上，無論是不足的部分或多出來的部分，都是與原本應有之物有所區別的，並且是獨立存在的。inter-esse的概念正是用來表示這種存在與不存在之物之間的關係。在這種存在的關係中，我們看到倫理的建立。

1　譯註：按舊約聖經，猶大國王曾背棄耶和華，在欣嫩子谷（Hinnom）用火焚燒親生兒女祭假神，因此欣嫩子谷成了「煉獄」的代名詞。麥角中毒是誤食含大量麥角之穀物所引起，因中毒者會有全身發燙的症狀，而使人聯想成被煉獄之火焚燒。

二、清貧與經濟思想

貨幣的種子性格＝資本

貨幣既不會生產，也不會結果——這是羅馬法以來的一般常識。在交易範圍較小的時代，這種不生產且不結果的特性能帶來貨幣的穩定性，因此或許在當時被視為一種理想特性。多瑪斯・阿奎那曾列舉貨幣的兩項功能：其一是作為交換媒介。作為交換的媒介，貨幣在交換過程中不會被消耗，而是被使用；其二是貨幣的價值標準無法自然形成，而是根據透過貨幣所衡量的商品價值，以及願意以貨幣交換商品的人們所做的評估來確定其使用標準。

在這種貨幣觀中，利息和放貸取利被視為非法行為。據阿奎那所言，放貸取利非法的論據有三：①放貸取利是在買賣時間，但時間是神賦予每個人的，每個人都無法買賣這種神賦予之物，而買賣神賦予的事物是重大的罪行；②放貸取利時，本金與償還金等量，收取多餘的利息實際上是對相同物品的重複出售；③若本金與償還金之間已完成交換，收取利息就等於是在販賣虛無（nihil）。阿奎那提出這三項論點，旨在從理性思考的層面，解釋為何利息和放貸取利是非法的，超越了聖經、教會法和羅馬法的記載。

從現代人的角度來看，這種思維方式可能難以理解。對阿奎那而言，放貸取利和利息是沒有區別的。只要要求對方支付的金額超過本金，就會無條件地被視為惡行。在消費過程中，事物的使用與事物本身是一體的，一旦事物被消費，就不再存在。對於已經不存在的物品收取費用，等於是在販賣虛無，這是無法成立的。將貨幣借給他人也被視為消費借貸，一旦本金償還，消費借貸的行為便已結束，因此收取利息被看作是販賣不存在之物或重複出售相同之物。在經濟行為中，存在與不存在之間形成了這種迂迴曲折的關係。

中世紀的觀點是：如果借貸的是耐久消費品，借出後該物品仍然存在，因此可以出售其使用權；但若是消費性借貸，借貸後物品將不復存在，則無法出售其使用權。而貨幣一經使用就會被「消費掉」，所以出售貨幣的使用權是不被允許的；對於貨幣，僅允許用於避免損失而已。從現代角度看，這種思維模式顯得極為不可思議，也使得中世紀的經濟思維受到限制。解放當時思維的關鍵在於將清貧思想具體化的「赤貧使用」（usus pauper）概念。

不過，阿奎那並沒有全面否定利息。他認為，如果在借錢時雙方同意以支付利息作為條件，則可視為將利息的罪用於善行，因而是獲得允許的。

亞西西的方濟各

中世紀是商業革命的時代，亞西西的聖方濟各（Saint Francis of Assisi, ca. 1181-1226）正是在這個時代中以富裕商人之子的身分出生。然而，他否定生父，侍奉天父，終其一生貫徹清貧。他的存在恰恰體現出中世紀神學的複雜與變化。

方濟各拒絕承認貨幣，否定了商人的父親，過著如耶穌般赤裸而貧窮的生活，並在窮困中講道。然而，就連在當時，方濟各也被視為商人之首、商人的庇護者。義大利歷史學家賈科莫・托德斯齊尼（Giacomo Todeschini, 1950-）甚至認為，方濟各會是一個「從自發性的貧困走向市場社會」的修道會，認為他們始終想要從本質上正當化這種修道會的財富。

方濟各會是對鼻祖方濟各的清貧理念產生共鳴，並試圖在日常生活中實踐其理念的團體。他們徹底實踐清貧，捨棄一切所有權，連以往修道會所實踐的共同擁有都被他們否定。他們拒絕使用貨幣，也不承認財產的積蓄，日常生活必需之物則依賴勞動與托缽獲得。他們是一個拒絕承認貨幣所代表的財富，拒絕承認城市和商業所產生的一切利益的團體。

其其中還有一支尤為激進的派系，即屬靈派（Fraticelli），其代表性思想家為伯多祿・若望・奧利維（Peter John Olivi, ca. 1248-1298）。奧利維在崇尚清貧的同時，為了克服貨幣不生產的理論、推動經濟活動，發展出一套商業及商人理論。這在哲學史上被視為「清貧的悖論」。

令人意外的是，奧利維的思想直到近代才被重新挖掘。直到一九七〇年代，才有人發現方濟各會的激進派中曾經存在著革命性的經濟理論，而這一理論的核心正是來自奧利維。

教宗克萊孟五世（Pope Clement V, 1264-1314）在一三一二年頒布的教令中決定「應將堅持放貸取利不是罪的人視為異端者懲處」。此時教廷所要打壓的對象，很可能正是奧利維。這位神祕的思想家究竟是誰？

三、奧利維的經濟思想

謎樣的思想家奧利維

奧利維是方濟各會中的神學家，信奉約阿希姆主義（Joachimites）[2]，並且是方濟各會中激進派系屬靈派的代表性思想家，死後受到信徒的狂熱崇拜。大多數崇拜他的人認為，方濟各是基督的第二位，而奧利維則是保羅的第二位。奧利維的思想之所以被埋沒多年，主要是受到教廷的打壓，變得難以見到。然而，他的思想在方濟各會中仍被小心翼翼地保存下來。在哲學上，奧利維屬於「唯意志論」（voluntarism）和個體主義的立場，他的許多觀點被視為鄧斯．司各脫和奧坎的先驅。

近來的經濟學史對奧利維的關注度急速攀升，許多人認為他已具備近代的經濟思想。他不僅大膽地對經濟思想展開改革，還在方濟各會發表嶄新的末世論，對羅馬天主教會提出批判，這在哲學上成為重要的轉振點。他一方面提倡嚴格的清貧，另一方面又試圖肯定利息和振興商

2　譯註：弗洛拉的約阿希姆是中世紀義大利的神祕主義神學家，以其三時代理論著稱，將歷史分為聖父、聖子和聖靈的三個時期，預言一個未來的靈性復興時代。他的末世論預言對中世紀晚期的宗教和政治思想產生深遠影響，並啟發了後來的宗教改革和烏托邦主義思潮。

業，這種思想在哲學史、經濟學史和宗教史上都具有重要意義。

然而，他在當時就被視為異端者並遭到譴責。一二八三年，由巴黎大學相關人士組成的調查委員會從奧利維的著作中挑選出「危險」、「謬誤」和「異端」之處，整理列舉成二十二條項目，並附上反對意見，以《七道封印之書》（*Book with Seven Seals*）之名公開發表。

奧利維在無法閱讀反對意見的情況下，被要求同意其內容，卻得不到辯駁的機會。直到兩年後，他才有機會反駁，並為此寫下《辯解文》（*Apologia*）。但他在一二八五年的米蘭全體大會中也受到批判，一直要到一二八七年的蒙彼利埃（Montpellier）全體大會時才被停止懲處。他於一二九八年去世，隔年的一二九九年，里昂總集會對其做出焚書處分。一三二六年，他的《啟示錄註釋》遭到教宗若望二十二世（Pope John XXII, 1249-1334）定罪。

「赤貧使用」的思想

讓我們稍微往前回溯。奧利維在對巴黎這個花花世界感到厭惡後，回到南法並專注於教育和研究。然而，他貫徹方濟各會精神的思辨遭到打壓，所有著作均遭到沒收。由於他的思想過於激進，受到來自方濟各會內外的批判；但在一二八七年，他的觀點在方濟各會內部被承認為正統思想。一二九四年前後，晚年的奧利維為了幫助當地商人解決經濟問題，撰寫了《契約論》（*A Treatise on Contracts*）。這本書在各方面都成為劃時代性的著作，甚至被稱為十二世紀的

《資本論》。

當奧利維對清貧的詮釋被視為異端後，他便退居南法的塞里尼昂（Sérignan）。當地的商人向他詢問交易相關問題，使他確立了一套將營利活動正當化的經濟倫理，這便是奧利維寫下《契約論》的起源。

奧利維一直被視為激進的清貧主義者和不擁有任何財產的提倡者，但實際情況卻截然不同。他嚴格區分「當下之所需」與「為了當下之所需」的不同。「當下之所需」是指為了未來所需的物品，而非單純為了當下的享受；而「為了當下之所需」則是指享受當下並消費掉的使用方式。在播種時，我們需要種子是為了將來的收成，因此當下需要它。從使用與享受的角度分析，奧利維主張不應該在當下享受，而應該為未來而使用。如果當下明顯需要的物品是為了將來的需求，而非單純的當下享受，那麼就可以正當擁有。這就是所謂的「赤貧使用」。只要能保持此刻不存在與將來存在之間的落差，就可以理解為「赤貧使用」。

「赤貧使用」不是擁有，也不是在當下享受，而是為了將來而在當下使用那些必須使用的部分。將來的享受，如同死後的「榮福直觀」（beatific vision），是無需拒絕的。

「赤貧使用」不會使事物因消費而變得不存在，反而會使其得以留存。因此，在「赤貧使用」的框架中，即使收取利息，也不會變成販賣不存在的事物。

奧利維的貢獻

奧利維的哲學反對亞里斯多德，並否定了實體論的架構。關於他的經濟思想特徵，可概述如下：

（一）資本（capitale）的概念由奧利維創立。在當時，「本金」通常被稱為「索爾斯」（solls）等名稱，基本上都是同額償還；如果要求償還的金額超過本金，就會被視為放貸取利，因為本金是不會增值的。然而，「資本」是為了產生利潤而進行的投資，具有種子的特性。在此之前，人們將貨幣視為不會生產的物品，而奧利維則承認貨幣具有產生利潤的增值性。

（二）奧利維提倡肯定利息的理論，在這一點上他是先驅。在羅馬法中，消費借貸具有相互扶持的意義。會被消費的事物必須以有期限且無利息的方式借出。消費借貸不僅無利息，而且他們認為借出的事物會因被使用和消費而消滅。畢竟是「消費借貸」，如果借出的事物會繼續存在，並產出收成或利潤，那就不屬於消費借貸了。借出金錢屬於消費借貸，因此若要讓利息成立，就必須改變消費借貸的概念，或者讓金錢的借出不屬於消費借貸。當時實際上是透過合作社、共同事業等手段來實踐這種做法，但這樣一來，可運用的情境變得十分有限。否則，就必須思考出一個理論來說明，借錢並收取利息，雖是一種消費借貸的行為，但同時又能為彼此帶來利益。

（三）他將「共同利益」（common good）的論點導入經濟思想中，提出了「共同利益」的概念。在公正價格的探討中，他強調共同利益的重要性。共同利益是指對社群內所有成員有益的事物，而且這些利益只能透過社群來維持和增進。奧利維敘述道：「若在決定商品或工作的價值時，應將共同利益納入考慮，那麼最重要的事就是要決定並考量出共同的價格，而這件事必須由市民所組成的社群共同進行。」（奧利維，《購入買賣理論》§26）

奧利維重視的是共同決策和全體的共同利益。他認為決定價格的要素並非僅來自事物內在的價值，而是還包含了稀少性、自遠地運送等因素。

（四）奧利維發現市場存在的論述，也被認為是先驅。市場是指透過找出因剩餘與稀少性之間的落差所產生的潛在可能性，在具體事物的交易和運輸中使這種潛在可能得以流通，進而獲得和增加財富。重要的是，時間與空間的距離越大，潛在可能性越高。將歐洲合併成一個市場，形成「利益共同體」（societas），透過這個共同圈中的交易來擴大財富——這種想法被認為與奧利維的經濟思想相呼應。

（五）奧利維可視為一位重視勤奮與勞動意義的思想家，他將勤奮視為商品價格的泉源，並肯定勤奮的重要性。

（六）奧利維被認為是提出「新的公正價格論」的思想家，因此受到高度評價。一般來說，無論在市場的任何一處，公正價格應該是一模一樣的，但奧利維重視自由意志，認為買賣雙方自由訂定的契約上的價格也應該被視為公正價格。他在實質上容許了價格與價值之間的落差，並接受將稀有物品抬高價格後加以販賣的做法。

改革者奧利維

奧利維在經濟思想上屢屢提出開創性的論點，使他在哲學史的研究中受到高度肯定。關於他的評價，目前尚未有定論，但可以確定的是，他將被定位在一個大潮流的中心位置。

奧利維的利息理論核心在於，即使是蓋然性的事物，只要能評估其價值就可以合法的買賣。因此，當能預見利益的遺失（消極性損害）或發生損害（積極性損害）的蓋然性時，將其損害賠償計入當前價格中便是一種合法行為。奧利維的肯定利息理論有一個前提，即他將未來的時間與蓋然性視為真實存在的事物，並把它們當作買賣與交換的項目來考慮。同時，他主張對於風險收取相應的對價是一種正當行為。

放貸取利曾被認為是不正當的行為，但隨後利息被視為用來彌補喪失利益或發生損害時的損害賠償，因而承認了放貸取利的正當性。在概念上，放貸取利與利息必須明確區分。收取本金以上的金額作為借錢的費用，稱為放貸取利，過去這被認為是不正當的行為。多瑪斯・阿奎那提出的理論依據是，放貸取利是買賣不存在的事物或重複販賣相同的事物，而奧利維則反對阿奎那的理論。

在過去，本金應以等同於本金的金額償還，償還金額超過本金就屬於放貸取利。至於利息，則純粹被視為損害賠償。奧利維提出的未來蓋然性恰恰反映出當時的人認為未來是不存在的。然而，奧利維始終將未來視為真實存在的事物。在他的利息理論、對資本的看法以及「赤貧使用」的觀點中，都能看出這一點。

四、中世紀的經濟與倫理

中世紀的資本主義

利率決不是由神來決定的。既然世上根本不存在這樣的神，若人類認同經濟活動具有獨特的意義，那麼人類必須是自由的。人類承擔著自由的絕對必然性，因此，自由是作為人的必然條件。為什麼人類必須承擔這種絕對必然性呢？其原因在於，人類的課題是維持更多同類的生命。經濟存在的目的在於保全人類的性命，而這種保全人類性命的決定權掌握在人的手中，而非神的手中。

買賣的概念是一種近代性的概念。羅馬法主要以借貸為主，包括使用借貸與消費借貸，並要求將實物原封不動地償還，這是基本的交換形式。食物等物品因消費而失去實體，這時償還相同品質的事物是基本做法；若無法做到，則使用貨幣作為替代方案。同事物的交換和同品質事物的償還是基本做法，只有在無法實現時才會使用貨幣。使用貨幣的最大問題在於，商品的價值會隨著時節變動，因此需要設定計算的標準，以便估算商品價值。可以說，使用貨幣的最大挑戰在於標準的設定以及商品價值的估算。

「中世紀存在資本主義嗎？」這是一個當前討論得如火如荼的問題。法國歷史學家雅克·勒高夫（Jacques Le Goff, 1924-2014）主張，中世紀存在的是「卡利他」（caritas，神的愛），而不存在資本主義。他們所發展的經濟學可以被稱為「救助的經濟學」或「聖靈的經濟學」。勒高夫認為，清貧思想並不具備經濟的性質。

關於奧利維的經濟思想，歷史學家的評價分為兩派，一派認為這是資本主義的起源，另一派則持反對意見，至今雙方無法達成共識。歸根究柢，甚至連資本主義的定義至今仍然是一個大問題。儘管關於資本主義的著作汗牛充棟，似乎沒有人敢直接正面討論這個問題。走筆至此，越來越令人感到，我們應該先回頭檢視資本主義的定義，看看卡爾·馬克思（Karl Marx）在《資本論》中是怎麼說的。然而，在深入探討之前，仍有無數問題等著我們解決，例如：營利活動在屬靈與世俗兩方面的正當化、資本的自我增值、跨越人類目的論與有意識活動的經濟體系、從實體主義到機能主義（functionalism）、價值的抽象化、數量性、未來時間概念的納入、不存在的實在性、貨幣概念的變遷、交易系統的劇變、空間性的消失等。這些議題的胚胎幾乎都在十三世紀就已成形。從這一層意義來看，即使先將資本主義的定義放在一旁，我們也能確定，奧利維就是建立資本主義原型並為其思想背書的人之一。

問題在於，奧利維的清貧思想是否與資本主義的精神一致，並是否試圖推進資本主義的發展。看到現代資本主義支配人類文明的情況，奧利維絕不可能加以讚揚，反而會予以大肆批判。儘管如此，奧利維的思想是基於聖靈主義，而他的聖靈主義又源自弗洛拉的約阿希姆（Joachim of Fiore, 1135-1202）[3]和方濟各。如果經濟活動的目的是透過聖靈的廣泛流布來達成財富的分配，那麼我們就能在重點上找到重合之處。換言之，這個重點在於，財富並不是「積蓄」而來的，而是與「資訊」類似，只有當它不斷在社會中流布和流通時，才算是真正的財富。從這一層意義來看，聖靈主義是以愛鄰舍的普及為目的。如果資本主義也保留了這項特質，那麼在聖靈的經濟學這一部分，奧利維可說是資本主義的先驅。然而，是否能如這樣改寫經濟學的歷史，這個問題就需留待未來的研究者挑戰了。

3 譯註：弗洛拉的約阿希姆是中世紀義大利的神祕主義神學家，以其三時代理論著稱，將歷史分為聖父（舊約）、聖子（新約）和聖靈的三個時期，預言一個未來的靈性復興時代。他的末世論預言對中世紀晚期的宗教和政治思想產生深遠影響，並啟發了後來的宗教改革和烏托邦主義思潮。

關於不存在的歷史糾葛

中世紀的商業交易基本上以實物交易，或以此為模型的交易模式為主。由於各地自行鑄造貨幣，市集上僅能使用當地的貨幣，因此貨幣兌換商變得十分發達。然而，當代逐漸擺脫了以貨幣作為交易核心媒介的時代。目前，貨幣與商品之間基於實體至上性的交換模式將不再是典範，取而代之的是，現實性與蓋然性之間的交換開始被這個時代所接受及重視。

在十二世紀以前，還很少有人將未來這種不存在的事物或蓋然性存在的事物視為交易對象。遠地交易中，因攜帶貨幣和貴金屬容易成為掠奪的目標，因此這是一項將財產與生命置於危險中的行為。因此，人們最終認識到在主要城市設立銀行和公司進行貨幣兌換或票據支付，代表著價值可以寄託於不存在的事物，而不僅僅是物理性的事物才能擁有價值。經濟學上出現了一條自本體論中獨立出來的道路。

可以說，不存在的事物是在近世以後才成為人類正當的操作對象，但這個從零到一的過程絕非簡單，直到蘇亞雷斯的《形上學論辯》（*Disputationes Metaphysicae*）才終於確立此事。他在書末放上《關於理性之有》的篇章，提出不存在者的理論，這也可以看作是耶穌會士蘇亞雷斯向世人展現他欲與中世紀神學訣別的氣概。

中世紀到近世的變化，可以概括為「從實體概念進入函數概念」。這一變化在普遍之爭中也有所體現，顯示出不存在的事物之實在性（reality）才是普遍之爭的核心問題。儘管從後世的經濟學角度來看，中世紀經濟學可能顯得不成熟，但它在希臘哲學到現代哲學主流轉型的過程中，承擔了改變哲學與本體論的核心角色。

延伸閱讀

大黑俊二，《謊言與貪婪：西歐中世紀的商業與商人觀》（名古屋大學出版會，二〇〇六年）——闡明二十世紀後才被「發現」的奧利維的思想，以及當時經濟思想的實際情況之名著。解開清貧悖論的部分，高潮迭起，引人入勝。

上田辰之助，《多瑪斯．阿奎那研究》（上田辰之助著作集2，美篶書房，一九八七年）——對多瑪斯．阿奎那的文本做出細膩的閱讀與分析，內容精緻，絲毫不因時代而褪色。

雅克．勒高夫（Jacques Le Goff），渡邊香根夫、內田洋譯，《煉獄的誕生》（*La Naissance du purgatoire*，法政大學出版局，一九八八年）——可了解十二世紀的人是如何思考出煉獄的概念，但更加有趣的是，書中對放高利貸者所受之痛苦的描寫。

巴利．高登（Barry Gordon），村井明彥譯，《古代與中世紀經濟學史》（*Economic Analysis before Adam Smith: Hesiod to Lessius, Palgrave Macmillan*，晃洋書房，二〇一八年）——原著於一九七五年出版，是

奧利維被發現之前的著作，未提及奧利維是本書缺憾，但撇除此點，內容能讓讀者概觀古代到中世紀之變革，是一本極為寶貴之書。

CHAPTER

four

第四章

近世經院哲學　Adam Takahashi（高橋厚）

近世スコラ哲学

一、亞里斯多德主義與大學的哲學教育

前言

自十五世紀起，西歐人的知識好奇心開始超越舊有的地理疆界，走向全球。遠航帶來了以往未知的動植物標本和醫藥；宗教改革則為傳教的知識分子擴展其網絡至南北美洲、非洲及亞洲提供了契機。此外，新興的印刷術也為知識的建立與傳遞方式帶來了重大變化。

然而，面對這種前所未有的情況，人們並沒有立刻放棄傳統的學問，反而持續對古代傳承的知識系統抱以尊重，並試圖以同時變化的方式來闡明眼前新事物的意義。

本章所討論的近世經院哲學——主要在十五世紀和十六世紀之間，以西歐的大學為中心發展出的哲學——正是在這種新舊學問交會的知識探索上建立。因此，為了正確理解這個時代的思想，我們有必要首先理解傳統哲學，然後才能思考近現代固有的問題和理論。

以下，筆者將首先說明從十三世紀到十七世紀一脈相承的亞里斯多德主義的脈絡，以及作為其制度基礎的大學。接著，筆者將介紹十二世紀西班牙哲學家阿威羅伊的思想，以及他在這一長期性系統脈絡中所扮演的重要角色。最後，筆者將以十六世紀的哲學家為例展開具體說明。按照這個順序，我們應能明確地看到，經院哲學的特殊「圖景」是在古代和中世紀以來的哲學傳統的「基礎」建立之後才形成的。

複數的亞里斯多德主義

首先，不妨透過兩大特徵來概觀十三世紀至十七世紀的西歐哲學。第一個特徵是「亞里斯多德主義」的延續與多樣性。至少在十七世紀上半葉以前，「哲學家」和「哲學」這兩個詞在西歐並不像今天這樣僅作為普通名詞，而是專指古希臘哲學家亞里斯多德及其著作所構建的學問體系。當時從事哲學研究的人，皆以亞里斯多德的理論為基礎展開討論。因此，自十二世紀末以來，亞里斯多德的著作全集被翻譯成拉丁文並廣泛傳播，其權威地位一直持續到十七世紀才逐漸衰落。一般而言，這段期間的哲學系統被視為廣義的亞里斯多德主義。

然而，相同的學問架構並不代表每個哲學家的論點都會一致。確實有一些源自亞里斯多德的基本概念在當時廣泛通用，例如，這一學派的追隨者習慣將任何物體視為「形式」與「物質」（質料）的結合體，前者定義其本質屬性，後者則是物體的物質基礎。然而，正如歷史學家查爾斯．施密特（Charles Schmitt）所描述的「多元的亞里斯多德主義」，實際上他們之間的理論存在著巨大的差異與對立。

特別是在近世，有以下四個因素造成這種立場差異的產生。

（一）亞里斯多德著作的「註釋書」，主要是十二世紀為止，以希臘文、阿拉伯文撰寫而成者——「註釋書」泛指對亞里斯多德的某一著作，例如《論靈魂》（*De Anima*）、《形上學》（*Metaphysica*），說明作者意圖的書籍。而撰寫這類書籍的人則被稱為「註釋者」。

（二）收錄了十三、四世紀的代表性經院學者們所撰寫的大量神學著作，包括大阿爾伯特（Albertus Magnus）、多瑪斯·阿奎那、鄧斯·司各脫等。

（三）近現代新翻譯的古代文獻，尤其是柏拉圖、古希臘羅馬的醫學家希波克拉底（Hippocrates）和蓋倫（Claudius Galenus）的著作。

（四）特別是在宗教改革之後，天主教與基督新教之間，乃至各自內部的教義對立，更加顯著地體現了這些差異。

這裡無法詳述細節，但應該不難推測，最終的意見分歧是由宗教上的對立引發的。至於這樣的結果，前三類著作之所以成為主要因素，是因為它們的納入改變了對亞里斯多德著作的解釋視角，並且使得來自不同思想譜系的人們有機會注意到這套哲學體系。

這套哲學體系內立場分歧的一個例子，是十六世紀原子論（atomism）的興起。原子論主張世界由不可分解的原子構成，而一般認為亞里斯多德對此持批判態度。然而，德意志地區威登堡的哲學家丹尼爾·森納特（Daniel Sennert, 1572-1637）卻引用亞里斯多德《天象論》（*Meteorologica*，第四卷）的觀點，為十七世紀以來廣為流行的原子論世界觀展開辯護。

在進入第二項特徵的討論之前，有必要補充介紹柏拉圖與柏拉圖主義的影響。自十五世紀起，柏拉圖及古代晚期新柏拉圖主義者普羅提諾（Plotinus）的著作，透過馬爾西利奧・費奇諾（Marsilio Ficino, 1433-1499）等人翻譯為拉丁文後逐漸普及。然而，亞里斯多德的哲學體系對世界的詮釋自成一格，其主導地位直到十七世紀才開始動搖，尤其是在我們即將討論的大學教育領域。

作為大學學術體系的哲學

第二項特徵是哲學在「大學」中的制度化。本叢書的古代篇多次強調，古希臘羅馬的哲學傾向於探討「生存之道」，對個人的倫理生活方式展開質疑。這一思想脈絡與基督教的修道主義結合，共同塑造了西歐的精神氛圍。

然而，尤其是自十三世紀以來，哲學的性質發生了重大變化。這是由於一種能持續且集約式地生產知識的社會制度的出現，而哲學也成為該制度的一部分。這個制度就是十二世紀以後在西歐各地建立的大學。前述的亞里斯多德主義哲學被納入大學體制，轉化為一套基於固定課程，供人研究並傳授的學問體系。

在探討近世大學與哲學之間的關聯時，必須注意到各大學的特色因其所在國家和地區的不同而有所差異。巴黎、牛津及西班牙的薩拉曼卡（Salamanca）自創立之初便與天主教保持緊密聯繫。相對而言，北義大利的帕多瓦和波隆那，由於缺乏神學院的存在，促使未被基督教神學同化的亞里斯多德主義得以發展。此外，宗教改革時期以來，德意志地區及荷比盧三國也出現了不同以往的變化：基督新教的大學在耶拿（Jena）和萊頓（Leiden）成立，而杜賓根（Tübingen）與威登堡的大學則脫離了天主教的控制。

透過考察近世大學的設置架構，我們可以得到一個重要的啟發：即便是分析某一所特定大學或某個基督教宗派所屬的人物，也不能輕易將其思想簡單地推廣至整個時代。當我們思考近世哲學時，必須對學問的長期傳承與延續，以及每個時代因地域或大學差異所引發的思想偏差，這兩個層面保持高度關注。

二、哲學之母——「註釋者」阿威羅伊與其思想

「註釋者」的角色

前一節已確認，以大學為制度基礎、各類型的亞里斯多德主義，是觀察近世經院哲學的最重要視角之一。本節將引入另一條關鍵的輔助線，以便更精確地理解亞里斯多德主義的內涵。這條輔助線正是十二世紀活躍於西班牙的伊斯蘭哲學家阿威羅伊（即伊本·魯世德）的思想。

正如「哲學者」這一詞不僅僅是普通名詞，在西歐世界中，提到「註解者」，指的簡而言

之就是阿威羅伊。雖身為伊斯蘭教徒，但他在面對亞里斯多德時，會將神學教義擱置一旁，專注於從內在角度解釋這位古希臘哲學家的文本。自十三世紀以來，隨著他的註解書被翻譯成拉丁文，他成為了亞里斯多德著作最具權威的註解者。考量其影響力，近世的「複數亞里斯多德主義」實際上都建立在阿威羅伊的詮釋基礎上，這一點毫無疑問。

接下來，為了確認近世哲學家的知識前提，我們將進一步探討阿威羅伊所提出的兩個具代表性的論點：其一是備受爭議的「智能論」，其二是直到十七世紀為止，對哲學和神學雙方而言皆為核心問題的「神的攝理」（God's Providence）理論[1]。

「統一智能論」

第一個是關於人類靈魂的觀點，特別是關於「智能」（intellect）的看法。在正式探究之前，我們先簡單確認一下亞里斯多德的靈魂論。所謂靈魂，不同於現代所說的精神、心靈，而是用來廣泛指稱生命的原理。當時人們相信，儘管會有程度上的差異，但所有生物都擁有靈魂。不僅如此，亞里斯多德在《論靈魂》中，還將人的靈魂分為三個層級。其中較低階的兩層，分別被稱作「植物性靈魂」（anima vegetativa）和「感覺性靈魂」（anima sensitiva），是人類與動植物共有的，具體來說是指維持生命的能力和感覺能力。相對地，意指思考、判斷的能力或場域，也就是所謂智能的「理性靈魂」（anima intellecta）則被認為唯人類獨有。

在討論智能時，阿威羅伊首先強調的是智能與身體及其能力之間的區別。其根據來自亞里斯多德所說的「感覺能力無法在沒有身體的情況下存在，但智能則是獨立存在的」（《論靈魂》第三卷第四章）。阿威羅伊將「智能是獨立存在的」解釋為「智能既非身體，也非身體的能力」（《「論靈魂」長篇註釋》（*Long Commentary on the De Anima of Aristotle*）第三卷第四章）。換句話說，阿威羅伊認為，在亞里斯多德區分的靈魂三個層次中，較低的兩層涉及身體的能力，而理性靈魂或智能則不屬於此範疇。此外，智能的非物質性也意味著它不會隨著身體的消亡而消失，換言之，智能是不朽且恆久存在的。

這種「智能與身體是分離存在的」觀點，與亞里斯多德的另一個基本理論相結合，便立即推導出「全人類的智能皆為一體」的結論，這也就是通常所稱的阿威羅伊的「統一智能論」（theory of the unity of the intellect）。另一個理論則是，擁有相同本質的事物之所以能作為個體存在，讓人能夠指認「這個」或「那個」，其原因在於被稱為「材料」（質料）的物質基礎（《形上

1 譯註：「God's Providence」通常翻譯為「神意」、「天意」或「神的攝理」，這一概念在基督宗教神學中占有重要地位，主要強調神對世界的引導和計畫，反映神聖意志在歷史和人類生活中的作用。通常區分「普遍攝理」和「特殊攝理」，前者指神對宇宙存在的維護，後者即神在個人生活中的介入，例如奇蹟和報應。儘管「神的攝理」主導著世界，人類仍然擁有自由意志，可以在神的計畫中作出選擇。此外，「神的攝理」意味著歷史並非偶然事件的組合，而是受到神聖意志的引導，最終將導向某種目的。

學》第七卷第八章）。例如，若我們將木材或金屬等材料視為原因，就能理解為何相同造型的書桌會成為「這張書桌」或「那張書桌」的個體。

將此個體性原則納入思考，若智能脫離身體，它就會缺乏成為個體所需的條件之物質。由於智能無法對應每個人形成個體，所以智能被解釋為在全人類身上以統一的形式存在，亦即其數量為一。

從這段敘述中可以推測出，「智能對人類而言是單一的」這一觀點並非阿威羅伊論述的「終點」。這僅僅是他將亞里斯多德智能論中的幾個原則整合而得出的結論。阿威羅伊在其論述中，反而是以此觀點作為「起點」展開深入的探討。

他主要提出的叩問是是：如果思考和判斷的場域——智能——是全人類共享的，那麼個體之間的認識差異又是如何產生的呢？根據阿威羅伊的說法，個體感知的差異並非來自智能的多樣性，而是因為作為認知基底（subjectum）的感官所產生的「幻想」（Phantasie，心理圖像）因人而異（《〈論靈魂〉長篇註釋》第三卷第五章）。這一觀點建立在亞里斯多德的主張之上，即「靈魂從不在沒有幻想的情況下展開智能的認知活動」（《論靈魂》第三卷第七章）。

透過這樣的詮釋，阿威羅伊遵循了亞里斯多德提出的原則，試圖解釋超越個人的普遍共享知識是如何從個人的感官想像中形成，而不必訴諸神學原則。

以天體為起點的自然秩序

阿威羅伊思想的第二個特徵涉及「神意」的問題。所謂「神意」，指的是上帝等神祇事先預知世界將要發生的事情，並對其加以掌控和安排。

自古以來，許多人批評亞里斯多德的哲學缺乏神意理論，然而這一批評並不廣為人知。批評的源頭在於亞里斯多德在《形上學》（第十二卷）中對「神」的描述。在這部著作中，亞里斯多德將「神」定義為宇宙起始處的「不動的推動者」。既然神是「不動」的，祂就不會關心自身以外的任何事物，也就是說，神對這個世界沒有任何干涉。針對這位「哲學家之神」的批判，不僅來自古代的教父和中世紀的神學家，近世的弗朗切斯科・帕特里奇（Francesco Patrizi, 1529-1597）也引用了亞歷山卓的克萊孟（Clement of Alexandria）和奧利振（Origen of Alexandria）的觀點，對亞里斯多德提出了相同的批判。

儘管如此，這並不意味著亞里斯多德主義者對於神意的問題完全忽視。因為只要相信世界的存在不是源於物質偶然性的聚合或分離，而是其中包含著某種法則或秩序，那麼神意作為一種理論上的因素便不可或缺。

此處的關鍵再次落在阿威羅伊的立場上。他在對《形上學》的註解中指出，自然世界中存在攝理的原因在於：「只要考察天體的運動與這世上各種事物的存在及其持續之間的對應，便會顯而易見」（《〈形上學〉提要》第四章）。換句話說，他認為，形成並維持這個世界秩序的直接原因是「天體」（即行星、恆星及天球的總稱）。正因為具備這樣的作用，天體被理解為擁有維護世界秩序的智慧與知性存在。

亞里斯多德的《論天》（*De Caelo*）、《論生滅》（*De Generatione et Corruptione*）、《天象論》等自然哲學著作，都支持了阿威羅伊的神意觀點。在這位阿拉伯「註釋者」的影響下，從中世紀到近世，亞里斯多德主義的系統脈絡中，有相當大的一部分論述集中於探討天體及其對自然世界的作用。哲學史學家蓋德・弗魯登塔爾（Gad Freudenthal）稱這一現象為亞里斯多德哲學的「占星術化」。

簡言之，在阿威羅伊所提出的亞里斯多德哲學系統中，人的智能與身體是區別開來的，每個人的認知差異可以透過表象的不同來解釋。同時，他認為不僅人類，天體也具備智能，並且透過其運行來維持世界的秩序。這種世界觀正是近世哲學家們在建構自身立場時，所面對的亞里斯多德哲學樣貌。

三、近世的哲學家——蓬波納齊、斯卡利傑、梅蘭克頓

現在讓我們具體探討十六世紀的哲學家，這也是本章的正題。如本章開頭所述，十五、十六世紀是西歐動盪的時期。除了大航海時代、宗教改革、印刷術的普及，文藝復興更將那些過

去僅知其名的古代文獻帶入西歐。雖然哲學仍然以亞里斯多德的哲學為基礎，但隨著大量古代著作的復興，思想的多樣性也隨之增加。需要強調的是，這裡介紹的具體例子，只是構成近世經院哲學諸多要素與流派中的一部分——儘管它們在當時備受關注，而且對後世哲學產生了深遠影響。

關於近世經院哲學，西班牙和葡萄牙的耶穌會傳統一直是日本討論的重點。具體來說，包括西班牙的路易斯・德・莫利納（Luis de Molina）、弗朗西斯科・蘇亞雷斯（Francisco Suárez），以及葡萄牙的孔布拉學派（School of Coimbra）等。然而，若只以天主教和耶穌會為中心來探討這一時代的哲學，如同之前在討論大學時所提到的，其實無法全面且公正地反映這個時代的哲學全貌。

關於耶穌會的譜系，將留待本書的第五、六章中詳述討論，在此我們將聚焦於其他哲學家的譜系。具體來說，包含以下三位：帕多瓦的蓬波納齊（Pietro Pomponazzi, 1462-1525），他強調哲學論證與神學的不相容性；斯卡利傑（Julius Caesar Scaliger, 1484-1558），曾在北義大利求學，後旅居法國，致力於為亞里斯多德哲學與基督教神學的融合建立理論；以及梅蘭克頓（Philipp Melanchthon, 1497-1560），他運用哲學理論為路德派神學教義提供正統化支持。透過這些具體事例，我們可以清楚看到，雖然他們依據的是同一類哲學系統，但最終所採取的立場卻大不相同。

彼得羅・蓬波納齊

首先要討論的是彼得羅・蓬波納齊（Pietro Pomponazzi，1462-1525），他在義大利的帕多瓦大學取得學位後，留在當地擔任教職。帕多瓦是北義大利學術的發源地，著名的學者如安德烈・維薩留斯（Andreas Vesalius）和伽利略（Galileo Galilei）都曾在此任教。如前所述，亞里斯多德主義在該地極為盛行，有時甚至與基督教神學相悖。本文將依據蓬波納齊的主要著作《論靈魂不朽》（一五一六年），概述他的思想。

關於《論靈魂不朽》（以下簡稱《不朽論》），人們經常提到的是此書出版後所引發的反應。蓬波納齊在這部著作中指出，關於靈魂是否不朽，我們無法透過哲學性的論證得出確切答案，而是「必須藉由信仰中固有的內容來證明」（《不朽論》第十五章）。這裡所說的「信仰中固有的內容」具體指的是〈使徒信經〉（*symbolum apostolicum*）。〈使徒信經〉作為基督教正統教義的重要文本，宣揚的核心概念之一是人在最後審判時「復活」。要實現死後復活，則人的靈魂必須在肉體消亡後繼續存在，也就是說，靈魂必須是不朽的。

蓬波納齊並未否定基督教中這項最重要的教義，但他的態度被認為明顯帶有輕蔑之意。這是因為《不朽論》中大部分的討論，都是在不假設靈魂不朽這一教義的前提下進行的。由於一五一三年的第五次拉特朗大公會議（Fifth Council of the Lateran）已明確宣布，哲學必須證明靈魂不朽，蓬波納齊因此被視為違反了這項命令，並招致大量批評。

不過，關於這本著作的爭議性，已有日本學者做過介紹——根占獻一編著的《義大利文藝復興的靈魂論（新裝版）》（三元社，二〇一三年）。因此，此處將更深入探討蓬波納齊如何看待靈魂與智能的關係，以及這種觀點與他的神意論點之間的聯繫。

蓬波納齊在《不朽論》中討論人類靈魂時，首先批判的正是前面提到的阿威羅伊的立場。然而，他並未花太多篇幅討論智能的統一性問題，而是將重點放在智能是否能獨立於身體存在。由於阿威羅伊是從「智能既非身體也非身體能力」的原則推導出智能統一性的，因此，只要否定了智能與身體的分離，便能自然推翻智能統一性的說法。

蓬波納齊一貫否定智能能脫離身體而存在。他的否定依據來自亞里斯多德的主張：「靈魂在沒有幻想的情況下無法進行理智性的認知行為。」這一觀點也是阿威羅伊的基本原則之一。然而，蓬波納齊得出了與這位「註釋者」完全相反的結論。他主張，人類的智能依賴於身體，是「自然的、有組織的身體運作」的產物（《不朽論》第四章）。在著作的後半部分，蓬波納齊更加明確地得出結論：「理性靈魂是物質性的」（《不朽論》第八章）。

這裡有一點需要澄清，那就是為什麼教會會將主張靈魂或智能為物質性的觀點視為威脅。因為這樣的理論可能導致道德責任和神對世界的攝理遭到否定。批評者認為，如果靈魂隨著身體一同消亡，那麼能接受神救贖或懲罰的主體將不再存在，這相當於宣告神將放任惡行在世間肆虐。因此，《不朽論》的後半部分正是針對這些預期的批評予以回應。

蓬波納齊在回應批評時的主要論點是，即便靈魂的不朽性無法證明，人類依然會自然地做出符合倫理道德的行為，並且從哲學角度說明，「神的攝理」確實在世上發揮作用。首先，在倫理行為方面，當時經常被質疑的是，如果否定靈魂不朽，是否還會有人為了公共利益而犧牲自己？針對這點，蓬波納齊引用亞里斯多德《動物志》（*Historia Animalium*，第九卷第四十章）中的蜜蜂為例，主張動物天生具有守護群體的自然本能（《不朽論》第十四章）。這顯示了即使沒有不朽的靈魂，生物仍能本能地為了群體利益行動。

事實上，若說蓬波納齊的論述反映了那個時代的某種創新之處，其中一項便是將亞里斯多德的動物論或蓋烏斯．普林尼．塞孔都斯（Gaius Plinius Secundus）的《博物志》應用於哲學中。正如醫學史學家南希．斯萊思（Nancy Siraisi）所指出的，這些「historia」（即事例、歷史）相關的文獻，取代了中世紀經院學中的系統化邏輯論述，為近世的知識分子提供了新的視角——透過歷史性和經驗性的事例來探討自然現象。大航海時代從其他地區帶入西歐的文物，不僅沒有否定這類古老博物志的價值，反而進一步豐富了它們的內容。

那麼，若靈魂是可朽的，神的旨意是否就會被否定？蓬波納齊對此提出了他的回應。他主張，無論靈魂是否不朽，都能在這個世界中發現良善的秩序。值得注意的是，他從何種觀點來思考世界秩序的問題。蓬波納齊指出，世界的秩序來自天體對地球的作用，他認為這是天體的智能所賦予的秩序。亞里斯多德在《天象論》中也提出了相似的觀點（《不朽論》第十四章）。接著，他引用了「亞歷山大」的觀點，指出「亞歷山大認為，神與〔天體的〕各種智能對月下世界的事物行使天意」。這裡所指的亞歷山大，正是阿佛洛狄西亞的亞歷山大（Alexander of Aphrodisias，約活躍於西元三世紀前後），他被認為是古代最重要的亞里斯多德註釋者之一。

然而，正如上一節所述，認為天體及其智能是神意的實際主體，這一觀點實際上是阿威羅伊在西歐推廣的學說。蓬波納齊刻意引用亞歷山大的觀點，而不是直接批判阿威羅伊，目的是為了表明他的主張是立足於亞里斯多德自然哲學的正統立場，藉此強調自己的觀點並非偏離亞里斯多德的傳統解釋。

朱利葉斯・凱撒・斯卡利傑

接著提到的是在帕多瓦接受教育後，以醫師身分活躍於南法的斯卡利傑。他以詩學論述和對伊拉斯謨的批判書而聞名，但使他在哲學史上占有重要地位的，則是他在臨終前不久於一五五七年出版的作品《顯教的練習》（*Exotericae Exercitationes*）及其影響。

這本《顯教的練習》（以下簡稱《練習》）直到一六六〇年代多次再版，成為自然哲學和形上學的教科書，並持續被參考引用。近年的研究顯示，年輕的約翰尼斯・克卜勒（Johannes Kepler）受此書影響，開啟了他的天文物理研究，萊布尼茲也很可能對此書十分熟悉。以下將依據坂本邦暢與伊恩・麥克林（Ian Maclean）的研究，介紹《練習》的基本思想。

讓我們先了解斯卡利傑對於人的靈魂與智能的相關見解。在《顯教的練習》中，他針對義大利自然哲學家暨數學家吉羅拉莫・卡爾達諾（Girolamo Cardano, 1501-1576）展開辯論。卡爾達諾至少試圖透過哲學來證明靈魂，特別是證明智能的不朽性。然而，在斯卡利傑眼中，卡爾達諾在多處主張靈魂是物質性的，似乎重申了阿威羅伊關於智能單一且不變的論點。斯卡利傑批評這位自然哲學家，說「你效仿阿威羅伊的狂妄，將靈魂視為可能腐朽的。另一方面，智能則是單一的、最上等的，它遍及萬物，存在於所有個別事物之中」（《練習》三〇七號）。這些批評顯示了他對卡爾達諾思想的強烈反對。

前述引文中的「你」是指卡爾達諾，但實際上這裡所描述的觀點，正是蓬波納齊基於阿威羅伊立場所做的總結（《不朽論》第三章）。正如前述，當時的觀點認為，人類與動植物共享的低階靈魂是身體的能力，因此會隨著身體的消亡而消失。而阿威羅伊則將與此不同的理性靈魂，也就是智能，解釋為不僅與身體分離，而且在數量上是單一且不朽的存在。對於卡爾達諾繼承這種說法，斯卡利傑採取了批評的立場。

斯卡利傑試圖證明，不僅是智能（理性靈魂）的部分，整體的個人靈魂都不是物質性的。更確切地說，靈魂不同於構成物質世界的「四元素」（火、風、水、土）。如果這世上的一切事物皆由這些元素組成，那麼也就意味著萬物的起源都源自這四元素。然而，斯卡利傑對這種自然主義的立場一貫採取批判態度，認為靈魂超越了單純的物質構成。

特別值得一提的是，斯卡利傑主張：「所有混合物，即使不是靈魂，其形式皆是徹底不同於四元素的第五種本質」（《練習》三〇七號）。亞里斯多德所謂的「形式」是指構成事物的基本原理，但斯卡利傑認為，不僅是人的靈魂，連普遍存在於世上的一切事物都無法簡單地歸結為四元素或其屬性。由於他堅持所有事物的形式都具有無法還原為物質的特殊性，因此後來被稱為「形式的最大守護者」。

如果界定事物本質的形式並非源於自然元素，它們又是如何被帶到這個世上的呢？此時，「神的措置」理論成為首要的問題。然而，斯卡利傑的策略並不是依賴基督教神學的教義，而是透過解釋亞里斯多德的文本，從哲學的角度論證神如何創造世界並維持其秩序。

儘管如此，如前所述，《形上學》中被解釋為「不動之動者」的上帝並不直接干預自然世界。對此，斯卡利傑的理論依據與阿威羅伊相似，來源於亞里斯多德在《論天》和《論生滅》中的論述（《練習》七十二、七十七號）。其中關鍵句包括「上帝與自然不會創造出任何無用之事物」（《論天》第一卷第四章），以及「上帝使〔自然世界之事物〕生生不息，從而完善萬物」（《論生滅》第二卷第十章）。關於上帝對自然世界的作用，斯卡利傑做出了以下的論述。

神並非親自推動〔這個世界的事物〕，而是賦予它們永久的推動者和時間性的〔推動者〕。前者是〔天上的〕各種智慧，後者則是我們的靈魂。（《練習》第七號）

根據斯卡利傑的說法，亞里斯多德所指的神是透過天上的智能來對這個世界發揮作用的。而在這世間，唯一能與天上智能相媲美的，就是我們的靈魂。這意味著靈魂在斯卡利傑的理論中，具備了一種與神意相聯繫的特殊地位，成為人類與天上智能之間的重要橋梁。

然而，哲學的核心問題仍未得到解答。如果神是透過天上的智能對自然世界產生影響，那麼具體來說，各種事物的形式究竟是如何來到這個世界的？在此需要強調的是，近世哲學中「動物繁殖」議題的重要性。特別是無生命物質自發生成生物體的現象——如「物腐蟲生」這類自然生成的現象——被視為解開創造與生成之謎的線索，成為十六世紀知識分子熱中探討的議題。

總結來說，斯卡利傑堅持的立場是「人的靈魂以及動植物的形式皆源自於神，皆是神所創造」。然而，在他的論述中，他進一步提出，自然事物在生成時會受到來自天上力量的影響，這種力量稱為「形成能力」（virtus formativa）（《練習》第六號）。根據這一論點，天界與自然界透過形成能力建立了連結，當這種力量在實際生成過程中發揮作用時，各種事物的形式便得以產生。

「形成力」這個詞源自古羅馬醫學家蓋倫（活躍於西元二世紀）的著作《論自然的諸功能》（*De Naturalibus Facultatibus*）以及《論身體部分的用途》（*De Usu Partium*），並在十六世紀被醫學家與自然哲學家廣泛運用。因此，這個概念本身並非斯卡利傑所創，也並非他所主張的核心立場。然而，《顯教的練習》的讀者，或受到其影響的人，往往將這一力量的概念誤認為是斯卡利傑的獨創思想。

萊布尼茲也是受到這一概念影響的人之一。由於上述的知識背景，他在一篇名為〈論生命原理與形成性自然〉（*Considerations on Vital Principles and Plastic Natures, by the Author of the System of Pre-Established Harmony*）的論文中，將斯卡利傑稱為發展「形成性自然」（plastic natures），即「形成能力」理論的關鍵人物。

菲利普・梅蘭克頓

前面介紹的蓬波納齊和斯卡利傑，前者專注於闡釋亞里斯多德哲學的內容，後者則試圖調和亞里斯多德哲學與基督教神學的教義。最後要介紹的菲利普・梅蘭克頓，則是一位運用哲學體系為路德派教義辯護的思想家。作為哲學家與神學家的他，同時也是馬丁・路德在宗教改革中的年輕盟友和得力助手。

路德對中世紀代表性的神學家們——尤其是多瑪斯・阿奎那——以及他們所依據的亞里斯多德，採取了批判態度。因此，在他的影響範圍內，古希臘哲學家的學說即便被視為無用之物也不令人驚訝。然而，實際情況是，古希臘的哲學體系依然被用來作為解釋世界的理論框架。在探討其歷史發展時，梅蘭克頓的貢獻逐漸受到關注。

梅蘭克頓曾在海德堡和圖賓根求學，隨後進入馬丁・路德所在的威登堡大學，擔任希臘語教授。他留下了許多神學著作，但在此我們僅討論《論靈魂的註釋》（*Commentarius de anima*, 1540）和《物理最初教義》（*Initia doctrinae physicae*, 1549）中的內容。接下來，我將主要依據楠川幸子（Sachiko Kusukawa）的研究，說明梅蘭克頓如何在這兩部著作中，利用古代哲學來論證神學教義。

首先，在《論靈魂的註釋》（以下簡稱《註釋》）中，與亞里斯多德的靈魂論框架相比，我們可以看到主題上的顯著差異。對亞里斯多德而言，靈魂是生命的原理，不僅人類擁有，其他動植物也擁有，只是其層次有所不同。相對地，梅蘭克頓將討論限定在人類問題上，將靈魂論的焦點從人類與動植物普遍共有的生命原理，轉移到探討人類本質的問題上。

在討論人類本質時，梅蘭克頓不僅探討了人的理性靈魂，還對身體的結構與組成提出了詳盡的探討。為此，他經常參考醫學家蓋倫在生理學和解剖學方面的著作。對梅蘭克頓而言，蓋倫不僅是醫學的權威，更是自然科學的全方位權威。他在一五三八年的文章中提到：「在自然哲學與我們所謂的哲學範疇中，沒有任何作者的成就能與蓋倫相媲美。」

為何梅蘭克頓要根據蓋倫的著作，對身體展開生理學和解剖學的考究呢？其實，他並非以近代醫學家的身分涉足這個主題，他的動機完全出於神學。對梅蘭克頓而言，人體的精密構造與生理現象象徵著神作為造物主的偉大業績，換言之，這是神意的證明。他指出，透過對人體的詳細分析，我們可以理解「大自然並非偶然發生的，而是存在著某種建築性的精神，以非凡的意圖掌控所有〔自然現象的〕目的」（《註釋》一五四八年版，第四十六張表）。這裡所說的「建築性精神」指的當然是基督教的上帝。在梅蘭克頓的著作中，經常出現「上帝是建築家」的說法。

在《註釋》的最後一章，梅蘭克頓討論了靈魂不朽的問題。然而，他既不像蓬波納齊那樣主張無法以哲學論證靈魂不朽，也不像斯卡利傑那樣以哲學來擁護這一觀點。對梅蘭克頓而言，靈魂不朽從來不是一個哲學性的「問題」，而是一個論述的前提「真理」，這一真理只能透過基督教的信仰來證明和支持。

梅蘭克頓試圖透過自然現象來解釋基督教上帝的旨意，因此他不僅研究蓋倫的醫學，還涉獵宇宙觀和天文學。因為他認為，了解天文現象是認識神如何創造並統治世界的重要契機。在討論這類議題時，人們常提到占星術的系統對他的影響。確實，據信梅蘭克頓曾親自講授古羅馬天文學家克勞狄烏斯・托勒密（Klaudios Ptolemaios，活躍於西元二世紀）的占星術著作《占星四書》（*Tetrabiblos*），顯示他對這方面的深入研究。

正如前面多次提及，阿威羅伊對亞里斯多德哲學的詮釋，是以神意的架構來理解天界對自然界的作用。實際上，梅蘭克頓在《物理最初教義》的尾聲，也從這個觀點引用了亞里斯多德的自然哲學：

吾人該最為注意的是，亞里斯多德寫在《論生滅》最後的一段話。「〔自然世界中的〕生成與消滅之所以能永久持續，是因為黃道帶的太陽與諸行星的運動。」……

然而，當我們在考究自然界的這種令人驚嘆不已的秩序時……必須做出的推論是，還存在著一個更加古老、更加上智的因素，那就是作為造物主的神。由於這位神的深思熟慮，整個〔自然世界的〕秩序才得以確立，並得到統治與維持。（《物理最初教義》第三卷）

從梅蘭克頓將天體作用與神意論點結合來解釋這一點來看，他確實與蓬波納齊、斯卡利傑有相似之處。然而，他的論述在意圖與方向上與這兩人有著明顯的差異。梅蘭克頓實際上是運用亞里斯多德主義的自然哲學來證明基督教的神旨與統治的正當性。

小結

總結至此，我們可以看到，在亞里斯多德主義長期存在的背景下，十六世紀的三位哲學家在思想上展現了共通性與獨創性。近世的時代變遷，使得哲學家們必須考慮的文獻與事物在數量上呈現爆炸性增長。因此，當在有限篇幅中介紹這個時代的哲學時，通常會強調他們思想中的折衷性要素或傾向。

本章並未一一列舉整個系列的相關問題，而是首先確認該時代共有的重大理論基礎，即亞里斯多德主義及其受阿威羅伊影響的傳統，並在此基礎上進一步分析近世的哲學家們如何展開各自的思索與探索。

此處討論的十六世紀哲學家都深深植根於自十三世紀以來的系統脈絡。關於靈魂及智能的理論，因為與教會教義有所牴觸，成為近世爭論的焦點之一。然而，只要細看他們的理論，便會發現其中許多詞彙只是重複前輩哲學家的論述。此外，雖然每個人的論述切入點和方向不同，但當他們討論靈魂或自然現象與神旨意的關聯性時，無不效法阿威羅伊的解釋，談論天體對地上世界的影響。

那麼，從承繼哲學傳統脈絡的角度來看，十六世紀哲學的特點究竟是什麼？本章所選的三位哲學家有一個共同特徵：他們皆以十六世紀以後新翻譯的醫學書籍和博物學著作為依據，並關注自然界中個別且經驗性的事例。歷史學家平井浩將這一特徵稱為「醫學人文主義」。蓬波納齊依據亞里斯多德的《動物志》，闡述了人類實踐倫理的天性；斯卡利傑和梅蘭克頓則參考蓋倫的醫學成果，試圖揭開自然世界的秩序之謎。他們在展開知識研究時，傾向於蒐集和展示自然界中「令人驚嘆」的個別事物，這種趨向也與當時知識分子和掌權者熱中於收集奇珍異寶的風潮相契合。

正如近世經院哲學以阿威羅伊對亞里斯多德的詮釋為主要基礎，近年的研究也發現，十七世紀以後的哲學家對十六世紀亞里斯多德主義者的著作有著強烈的依附性。遺憾的是，這裡的篇幅不足以詳細介紹這些近年的研究成果。最後，我想提請大家注意一個尚未得到解答的問題，為本章作結。

萊布尼茲在〈論唯一的普遍精神說〉（*Considerations of the Doctrine of a Unique Universal Spirit*）一文的開頭提到了阿威羅伊的統一智能論。但他真正的對手並非十六世紀哲學家們一心想要反駁的阿威羅伊本人，而是那些被形容為「與唯一的普遍精神說相去無幾」的史賓諾莎，以及那些「在不知情的情況下建立起這一學說」的笛卡兒主義者們。

值得注意的是，萊布尼茲不僅關注阿威羅伊、史賓諾莎、笛卡兒主義者之間的差異，還留意到他們思想中存在的某種共通性。但這並不意味著史賓諾莎或笛卡兒主義者是阿威羅伊的追隨者。那麼，這種共通性究竟是什麼呢？當批判的焦點發生轉變時，其背後所爭論的核心問題又是什麼？筆者認為，解開這些問題，將為從十六紀的經院哲學到近代哲學的轉向提供一個重要的視角。不過，關於這一點的深入思考，還是留待未來另尋機會再探討吧。

延伸閱讀

查爾斯·施密特、布萊恩·科本黑弗（Charles B. Schmitt & Brian P. Copenhaver），榎本武文譯，

《文藝復興哲學》（*Renaissance Philosophy*，平凡社，二〇〇三年）——若想要理解近世經院哲學，在能以日文閱讀的書籍中，建議首先反覆閱讀這本書。

平井浩、小澤實編著，《智慧的小宇宙》（中央公論新社，二〇一四年）——這本從中世紀到近世「思想史」（intellectual history）的論文集，收錄了平井與坂本等人的高水準論文，包括筆者撰寫本文時參考的論文。

安・布萊爾（Ann Blair），住本規子等人譯，《資訊爆炸：近代以前歐洲的資訊管理術》（*Too Much To Know: Managing Scholarly Information before the Modern Age*，中央公論新社，二〇一八年）——從「作筆記」等的具體性實踐法切入，論述近世的哲學與科學的確立，是一本劃時代的著作。

池上俊一監修，《原書 文藝復興自然學（上、下）》（名古屋大學出版會，二〇一七年）——本章中曾說，十七世紀之前的「哲學」是一套以亞里斯多德為基礎的學問體系。其中，自然哲學領域在今日的學術分類中包括物理學、化學、生物學、天文學等相關領域，亦占據在近世的哲學很大一部分。此書能幫助我們了解自然哲學的多樣性，是十分寶貴的資料集。

CHAPTER

five

第五章

耶穌會與吉利支丹

新居洋子

イエズス会とキリシタン

一、吉利支丹時代「哲學」概念的翻譯

傳至東亞的「哲學」

在本系列各冊中已多次提及，現代日語慣用的「哲學」一詞，是由日本明治時代的啟蒙家西周翻譯「philosophy」一詞[1]而來。不過，若認為西歐的「philosophia」（哲學）直到十九世紀才在東亞逐漸出現，那顯然是錯誤的。事實上，西歐的「philosophia」傳入東亞，並開始大量被翻譯，已有超過四百二十年的歷史。這段歷史在日本可追溯至織豐時代（一五七三—一六〇三）[2]，相當於中國的晚明時期。

當時，耶穌會為了自我革新，將目光投向海外，並在這股潮流中，以依納爵・德・羅耀拉（Ignacio de Loyola, 1491-1556）為核心組織起來，為了傳教遠赴世界各地。一五四九年，耶穌會首次在日本傳教，三十年後又進入中國。這些傳教活動在日本被稱為「吉利支丹」，在中國則稱為「天主教」，現今將東亞傳教的最初一個世紀稱為「吉利支丹時代」。在這個時代，耶穌

1 譯註：本文中的「philosophia」指明清時期由傳教士傳入的歐洲哲學，而「philosophy」則是指十九世紀以後的哲學。

2 譯註：織田信長與豐臣秀吉稱霸日本的時代，又稱安土桃山時代。

會傳教士全力推廣信仰，並編纂和翻譯了許多書籍，其中包含大量與philosophia相關的內容。philosophia 基本上指的是耶穌會教育體系中的經院哲學，以及受到文藝復興影響而納入的西塞羅（Marcus Tullius Cicero）、塞內卡（Lucius Annaeus Seneca）等西歐古典文學作品，這些內容透過耶穌會士的翻譯傳入東亞。

經院學通常將學問區分為神學（scientia divina）與人文學（scientia humana），而作為人文學核心的philosophia，則是通往神學的重要橋梁。philosophia 包含邏輯學與自然哲學，亦即以亞里斯多德哲學為基礎的邏輯學、天體論、天象論、亞尼瑪論（靈魂論）等學說。在十六世紀末的日本，耶穌會副省區長佩德羅・戈梅茲（Pedro Gómez, 1535-1600）為培養日籍耶穌會士，編撰了《耶穌會日本學林之講義要綱》，詳盡翻譯了天體論、亞尼瑪論等學說，並利用西方傳入的活字印刷技術出版。

在中國，耶穌會傳教士利用當地已有的印刷技術，出版了大量天主教與西歐學術的翻譯書籍，其中由耶穌會士翻譯的漢譯書籍多達兩百五十種以上。在這些書籍中，關於西歐哲學（*philosophia*）的內容，特別是在教義書中多有介紹亞尼瑪論。最具代表性的作品是早期耶穌會士利瑪竇（Matteo Ricci, 1552-1610）所著的《天主實義》。此外，十七世紀前半葉，傳教士與士大夫合作，陸續出版了多部與哲學相關的漢譯專書，如邏輯學方面的《名理探》、天體論的《寰有詮》、天象論的《空際格致》，以及亞尼瑪論的《靈言蠡勺》、《性學觕述》等。不僅如此，耶穌會士艾儒略（Giulio Aleni, 1582-1649）與福建士大夫關係密切，他撰寫了多部漢文著作，並在《西學凡》、《西方答問》等書中，使用音譯「斐錄所費亞」介紹哲學概念及其在西歐學術體系中的地位。

這類源自西歐的「philosophia」概念，當時不僅被音譯，還嘗試予以意譯。例如，借用朱子學所重視的「格物窮理」（即探究每一事物的道理）這一概念，或將其簡化為「理學」來稱呼西方哲學。

經院學中的理性與天啟

在經院學中，哲學是根據自然理性來探究事物道理的學問，與此相對，神學則以天啟為依據。兩者雖有所區別，卻又密不可分。換言之，人對神的認識可以透過對神所創造事物的理性探究逐步提升，最終在天啟的幫助下完成對神的認識。因此，傳教士在前往世界各地時，往往以當地人的理性程度與習俗的品質來判斷其文明或野蠻程度。受這種思維方式與態度的影響，傳教士認為日本人和中國人的理性較為發達，為此，他們編譯出版了許多自然學和形而上學的書籍，試圖避免強制改變信仰，而是透過當地人的理性論證，讓他們自然而然地接受基督教。過去的多項研究中，已有學者多次提出這一觀點。

我們可以看出，最初西歐哲學傳入東亞時，經院哲學所推敲出的「理性」概念發揮了關鍵作用。那麼，作為哲學支柱的這一「理性」概念，當時是如何被翻譯和傳達的呢？

二、以「靈」作為理性的譯詞

經院學漢譯中的「靈性」

日本的傳教士為了避免天主教中的各種概念與在地的概念混淆，基本上採用了保留來源語的策略。相反地，在中國，除了人名和地名之外，大多數情況下不是借用現有的儒家概念，就是創造新的漢語詞彙作為譯詞。而即使使用音譯，也通常伴隨著意譯。以anima rationalis（理性亞尼瑪）為例，經院學認為所有生物都有anima，但只有人類擁有anima rationalis。這個詞在日本通常被音譯為「アニマラショナル」（Animarashonaru），而在中國則將anima譯為「亞尼瑪」，並將anima rationalis意譯為「靈魂」等詞。透過日本的音譯詞，我們可以看出傳教士在日本如何試圖區分這些外來概念與當地的概念；而中國產生的漢譯詞則提供了另一個線索，幫助我們理解傳教士如何將經院學融入中國現有的思想體系。不僅如此，這些譯詞也讓我們發現，近世經院學的「理性」（ratio）概念已無法完全適用於日本明治時期以西周翻譯為起點，並逐漸發展成現代普及的「理性」框架。

首先要舉的例子是十七世紀在中國出版的多瑪斯．阿奎那《神學大全》的漢譯版《超性學要》。這本書的第一部分（卷一）由耶穌會傳教士利類思（Lodovico Buglio, 1606-1682）翻譯，約於一六五四年至一六七七年間在北京出版；而第三部分的補篇「復活論」則由利類思的同事安文思（Gabriel de Magalhães, 1609-1677）於一六七七年譯成漢文。至於第二部分及第三部分的正文，當時可能未被翻譯或已散失。利類思完成了整個第一部分的漢譯（雖是摘譯），這無疑是一項浩大的工程。

利類思出生於西西里島，曾在羅馬學院（Roman College）[3]接受學術培訓，後來在明清交替的動盪時期進入中國，最初在張獻忠統治下的四川傳教，後來則在清初時期移至北京，繼續他的傳教工作。

《神學大全》第一部分的第一題是：「神聖教誨的性質是什麼，其範圍又是什麼？」（原文引自山田晶譯，《神學大全I》，中央公論新社，二〇一四年）而其中第一項被提出的問題是：「在哲學學科之外，是否還需要其他學問？」書中推導出的結論為，哲學是以自然理性（natural reason）為依據的學問，只有這種學問，無法認識超越理性的關於神的現象，因此我們也需要以天啟為依據的神學，也就是需要「神聖的教義」。讓我們來看看正文一開始的一段句子：「人

3 羅馬學院，由耶穌會創始人羅耀拉於一五五一年在義大利羅馬創立，原名「羅馬耶穌會學院」（Collegium Romanum Societatis Jesu）。這所學院設立的初衷是為培養耶穌會士提供高等教育，後來發展成為歐洲重要的學術中心之一。

要得到救贖，除了需要透過人的理性所探究出的哲學性學問，還需要神的天啟所賦予的教義。這個部分在利類思的《超性學要》中，敘述如下：

夫**靈性**受造於造物者，無他為也，惟以享天國之永福為為。顧欲享永福，尚須天主默啟，所謂超**性**之天學是也。（標記為筆者添加）

作者譯文：靈性是來自造物者的創造。賦予靈性，原因無他，是為享天國之永福。只不過，欲享受永福，也需要天主的默啟（天啟）。這正是所謂的超性之天學。

利類思的漢譯，可能是為了迎合不熟悉經院學的中國讀者，因此並未採用逐字逐句的譯法。在這部分，他解釋說，人是依照天主的形象被賦予理性，因此在人性上趨向於天主。然而，這段內容在拉丁原文中並不存在，可能是因為中國讀者缺乏對經院學的基本認識，為此做出的補充。不過，譯文中明確指出，為了使人類獲得天國的永恆幸福，「靈性」與「默啟」兩者缺一不可。換言之，「靈性」這裡指的就是理性，這是對拉丁文ratio的譯詞。

此外，「超性之天學」即指神學。儒家所說的「性」是指人所自然具備的本性，而在明清時期，傳教士們在翻譯經院學中的自然學時，便以「性學」稱之。「超性」則是指超越本性或自然的存在，也就是神。「天學」一詞在此表示「天主的學問」，即神學。有時，「天學」這個詞除了指神學，還可以包含天文學等，泛指傳教士所帶來的各類學問與教義。

「靈心」及「靈才」

若翻閱同一時代其他傳教士翻譯的漢譯書籍，可以發現利類思從ratio翻譯而來的「靈性」一詞，不僅在《西學凡》和《寰有詮》中頻繁出現，也在《天主實義》、《萬物真原》等廣為流傳的教義類書籍中得到應用。《寰有詮》是對亞里斯多德《論天》的孔布拉註釋。由於亞里斯多德哲學的註釋流派眾多，孔布拉大學擁有眾多耶穌會士擔任教職，因此在十六世紀末至十七世紀初期間，為了整合經院學核心地位的亞里斯多德哲學的各種註釋，編撰出這套註釋的漢譯版。在該漢譯版的第一章開頭，即針對「天主」與萬物的關係展開說明。由此可見，其內容不僅僅探討天體的運行機制，而是從天主的受造物的角度來解釋自然。

> 所貴於人，專為**靈性**之能推論。謂生人，而不賦推論之性，是為相悖，即天主不能也。
>
> （標記為筆者添加）
>
> 作者譯文：人之所以（較其他生物）受到重視，皆因人能透過靈性展開推論。天主造人而不賦予其推論能力，則有悖常理，這是天主不可能之做為。

這裡明確指出，經院學將人的ratio解讀為推論能力。

再者，ratio的譯詞除了「靈性」之外，還出現了「靈心」、「靈才」等相似的譯法。在入華傳教士的著作中，可以看到利瑪竇為反駁儒者和佛僧對天主教批判所寫的《辨學遺牘》，以及湯若望主張從自然現象與人體機制的各種「徵兆」中找出神的措置的自然神學類書籍《主制群徵》。後者是摘譯改革經院學的薩拉曼卡學派（School of Salamanca）代表人物之一耶穌會士倫納德斯・萊休斯（Leonardus Lessius）的著作。在這兩部著作中均採用了「靈心」一詞；而在利瑪竇的《天主實義》和《畸人十篇》中則使用了「靈才」一詞。以下僅舉《天主實義》中的用例作為參考。

> 凡人之所以異於禽獸，無大乎**靈才**也。**靈才**者，能辯是非，別真偽，而難欺之以理之所無。（重點標記為筆者添加）
>
> 作者譯文：凡人與禽獸的最大不同之處，在於靈才。靈才能辨別是非真偽，因此不會被不合理之事物所欺瞞。

「靈魂」等於理性亞尼瑪

關於「靈」的另一個重要譯詞是「靈魂」。經院學認為，植物唯一擁有的是掌管攝取營養與生長的亞尼瑪（anima vegetabili）；動物則除了這種能力外，還擁有掌管感覺和欲望的亞尼瑪（anima animalis or anima sensibilis）；至於人類，除了前兩者，還被賦予理性的亞尼瑪（anima rationalis or anima intellectiva），因此人類被認為是地上最寶貴的存在。進入日本與中國的傳教士，必須面對在地的輪迴轉世與不殺生的思想，因此他們經常引用亞尼瑪論，明確區分人類與其他生物，並主張理性的亞尼瑪是不滅的存在。在日本的《基督教教義》（*Doctrina Christã*）、《妙貞問答》、《ひですの經（信仰經）》、《講義要綱》等多部書籍中，都能看到對亞尼瑪的討論。日本吉利支丹史研究者川村信三指出，在戈梅茲的《講義要綱》中，亞尼瑪論還增添了「亞尼瑪不滅的論證」，而這一部分並未出現在原文中。戈梅茲會添加這段內容，可能是因為「在他們的思想中，人本來就已與『佛』一樣，不僅會得到救贖，而且已是完整無缺的存在。」（川村信三，《戰國宗教社會＝思想史：透過吉利支丹事例考察》，知泉書館，二〇一一年）

在當時中國的漢譯中，植物的亞尼瑪被稱為「生魂」，動物的亞尼瑪稱為「覺魂」，而人類的理性亞尼瑪則翻譯為「靈魂」。自十六世紀末羅明堅（Michele Ruggieri）和利瑪竇敲開中國傳教的大門以來，這種譯法透過大量關於亞尼瑪的漢譯著作的傳播，逐漸深植人心。

漢語的「靈性」

漢語以「靈」的概念來表達經院學中的ratio（理性）概念，乍看之下可能令人感到意外。

自二十世紀初以來，日本已將「靈性」固定用作spirituality的譯詞，在宗教與哲學的框架中，「靈性」與「理性」被明確區分，而且兩者常被視為相互對立的詞彙。然而，理解經院學中「理性」的概念，就能明白為何漢語選擇使用「靈」作為翻譯。這裡需要強調的重點是，經院學中反覆推敲出的「理性」，其存在目的不僅僅是為了判斷和推論人間的事物，更是為了讓人透過這種推論，認識那位既是理性的泉源，又是超越理性的存在的神。

希望各位讀者在理解這一點後，重新體會漢譯的「靈」，但在此之前必須說明的是，「靈性」在佛教與道教中也算是較常見的詞彙。因此，傳教士從佛教與道教中借用「靈性」一詞並不那麼簡單。以往的研究顯示，雖然在日本的傳教士不斷批判佛教，但在嘗試將天主教在地化的過程中，仍不可避免地引進佛教概念，以用來解釋自身的教義，或作為禮儀與組織方面的代用詞彙。那麼，中國的情況又如何呢？當傳教士初來中國時，他們曾打算身著袈裟，自稱「僧」，試圖以佛教的形象融入當地。然而，隨著與儒者的頻繁交流，利瑪竇很快受到警告，告知佛教在社會上的地位尷尬，模仿佛教並非明智之舉。自此之後，他們便轉而適應儒家思想。依筆者的淺見，在經過這一策略性轉變後，幾乎沒有傳教士在中國活動時主動借用佛教概念的例子。

從傳教士們在中國使用「靈性」的內容來看，借用自佛教或道教的可能性相對較低。因為在談論「靈性」時，他們使用的「性」字明確傳達出他們是以儒家概念為出發點。比如，在《超性學要》中就有這樣一段描述：

蓋性非他，乃物物之本然。在靈物，謂靈性。在他物，謂物性。夫物性無知無覺，而行必中所向之的，則歸於靈者之引動，以令各得其所。如上論，是知非性為物原，而引動物性者，為物原也。是之謂天主。

作者譯文：其實性不是別的，就是使物成為物原本的樣貌。在靈物上，稱為靈性；在靈物之外，稱為物性。因物性無知無覺，之所以能到達其所必達之處，是來自靈者的引動，才能各自達到其目的地。根據上述可知，性並非物的根源，引領推動物性者，才是物的根源。而這正是天主。

這段話應該是出自《神學大全》第一部分第二題第三節，論證神的存在時提出的五條論證中的第五條（第一至第四條的論述在利類思的《超性學要》中幾乎都被省略）。其論述如下：「沒有知覺的事物」，也就是自然界的物體，並不是偶然地達到目的，而是需要「有知覺、有智力者」的引導。由此可見，對於自然界的萬物而言，世上存在著一位有秩序地安排它們趨向目的的「有智力者」，換句話說，就是「天主」的存在。（《神學大全I》）

原文著重於「自然界的物體」，而漢譯則更強調「性」。漢譯微妙地調整了論點，將「性」的存在視為非物的根源，真正的根源是引動「性」的存在（即天主）。這應該是為了刻意引入儒教中的「性」的概念，也就是指自然具備的本性，因此做出了這樣的調整。文中還提到，「性」在「靈物」上，即人身上，便是「靈性」；而在其他物體上，則被稱為「物性」。換句話說，這裡的「靈性」特指「靈物」上的「性」。

朱子學中的「靈」

因此，我們不得不回過頭來問：「靈」的概念究竟是什麼？在明清時代，儘管朱子學遭到各種反對，仍在科舉科目中占有一席之地，並發揮著巨大的影響力。「靈」的概念經常出現在朱子學中。首先，朱熹（一一三〇—一二〇〇）提到，「知覺」是「心之靈」，當理與氣合而為一時，便會出現知覺（《朱子語類》）。此外，南宋的陳淳在撰寫的《北溪字義》中彙整了朱子學的重要概念，在〈鬼神〉一節中，他引用了程頤的「鬼神者，造化之跡」以及張載的「鬼神者，二氣之良能」，並做出了以下說明：

> 大抵鬼神只是陰陽二氣，主屈伸往來者言之，神是陽之靈，鬼是陰之靈。靈云者，只是自然屈伸往來，恁地活爾。

作者譯文：鬼神不過是陰陽二氣的屈伸往來。以陰陽二氣而言，神是陽之靈，鬼是陰之靈。所謂靈，不過是自然地屈伸往來，如此活絡不已。

從這個例子來看，朱子學中的「靈」指的是特別清澄、活潑而優質的氣。在人身上，這種「靈」即是心的本體，能夠產生知覺。

其實，朱子學中的氣是萬物造化之本，而人則是由特別優質的「精氣」匯聚而成，因此具備運動和思考的能力。儒家經典《尚書》在〈泰誓上〉的篇章中也提到：「惟天地，萬物父母；惟人，萬物之靈。」

換言之，傳教士們在使用「靈」的概念作為理性的漢譯時，背後隱含著儒家，特別是朱子學的思想。他們認為人與天地萬物以氣為媒介相互連結，而氣中特別活潑優質者則在天地間形成鬼神，在地上則塑造出人。這種「靈」的概念一方面連結了人與萬物的根源，另一方面賦予了人在地上最優越的地位，恰恰與經院學的理性概念產生共鳴。然而，這同時又尖銳地反映出，從現代「理性」的框架來看，當時的理性概念是多麼與今天的理性概念格格不入。

與士大夫的對話

那麼，「靈」這個譯詞是如何形成的呢？傳教士帶來的關於基督教和經院學的各種概念，並非他們獨自翻譯，而往往是藉由口述，由當地士大夫做筆記，然後將文章整理，最終在雙方合作下完成翻譯。利瑪竇就是其中一位最早開始使用「靈性」和「靈魂」的傳教士，他與擔任明朝高官、成為天主教信徒的徐光啟（一五六二—一六三三），以及李之藻、馮應京等士大夫保持密切來往，並共同合作出版了《天主實義》等書籍。之後，還有許多士大夫協助傳教士展開漢譯，或為其著作撰寫序文和跋文，並協助處理出版和再版等事宜。在這樣的通力合作中，必然會產生各種對話。「靈性」、「靈魂」等譯詞，很可能就是在這樣的合作過程中，經過反覆推敲，最終才得以確定。

三、從東亞傳至西歐——理性與「理」

理性與「理」

然而，關於理性思想的傳播，並非僅僅是從西歐到東亞的單向過程。東亞的傳教順應策略是由范禮安（Alessandro Valignano, 1539-1606）所構思，他將日本人歸類為理性的種族，並依此制定傳教實踐方針。日本吉利支丹文學研究者折井善果指出，西歐傳教士對日本的理解與實踐，與當時西歐重新審視理性本質的態度之間，可能存在相互影響和作用的關係。另一方面，針對中國，專門研究儒家東學西漸史的井川義次指出，耶穌會傳教士翻譯的儒家經典傳至西歐後，德國哲學家克里斯蒂安．沃爾夫（Christian Wolff）提出了「從神學詮釋的角度解放孔子」的解讀。由於啟蒙思想深深根植於理性的教育，因此在其形成過程中，也受到沃爾夫式詮釋下的儒家經典翻譯的影響（折井的論文收錄於文末參考文獻的《傳教與順應》一書中，井川的著作亦列舉於參考文獻中）。

不過，傳教士在東亞的經驗及對當地思想的翻譯，並不僅限於對人類「理性」的補充與強調，這一部分被西歐哲學所吸收。東亞思想與神學的萬物生成觀之間的交集也引發了討論。在這個探討的面向中，儒家的「理」成為最吸引西歐知識分子的焦點。

這件事乍看之下令人感到不可思議。因為在朱子學中，「理」與萬物根源的太極是相通的，而理與氣交融後則化為具象的萬物。然而，傳教士對這種理與太極的思想採取了徹底批判的態度。他們認為，理與太極不過是以不具感覺和理性的物體為準則，因此無法孕生出具有感覺和理性的存在。此外，他們主張這些概念必然依附於物體，不可能獨立存在，因此不應被視為萬物的根源。這樣的論點在傳教士撰寫的漢譯書中隨處可見，這裡筆者再次引用《超性學要》。這一段論述承接前面引述的《神學大全》第一部分第二題第三節，緊接著對「性」不是物的根源，而是神才是根源的討論：

維理亦然。理非自有之物，乃靈性之具，所以窮格事物者也。蓋理，或在人性，或在事物。理在事物而合乎人心，則事物為真實焉。人心窮彼在物之理，則謂之格物。是知理之在物在心，悉屬依賴，屬變易，而在乎物之後矣。豈能為物之原乎？

作者譯文：關於此點，理（與性）皆是如此。理並非獨立存在之物，而是靈性（理性）之工具，窮究事物之手段。其實，理存在於人性、存在於事物上，當存在事物上的理與人心融合時，則事物就是真實的。當人心試圖窮究在物上的理時，就稱為格物。由此可知，理之於物、之於心，皆是依存的，是容易變動的，理存在於物之後（先有物的存在，才有理的存在）。這怎能視為物的本源？

這段顯然偏離了原文的敘述。這裡被特別批判的對象，是出自朱子學的格物窮理的「理」，即「形成個體事物」的同時又貫徹萬物的「普遍性秩序原理」的理，以及與上述理一體化的「人心之理」。（參考林文孝，《理》，永井均等人編，《事典哲學之木》，講談社，二〇〇二年）透過這段偏離原文的翻譯，可以看出當時的傳教士對朱子學的「理」是多麼棘手，因而需要如此縝密周全地加以駁斥。

理與事物之關係

傳教士的這種看法，可能源於在各式各樣的討論中，朱子學的「理」逐漸超越了朱熹本身的用意，使他們不得不將其具體化。此外，理與事物之間是互為表裡的，兩者之間並不存在先後的關係。然而，在傳教士的萬物生成觀中，整個體系卻是由先與後、造物與受造、施動與被動的二項對立框架所建構而成。因此，當他們以自己的框架來詮釋朱子學時，便不可避免地將理與事物的關係視為矛盾且不成熟的理論。

雖然如此，根據川原秀城的指出，在朝鮮王朝，朱子學的理氣論受到深入研究，以至於在十六至十七世紀出現了各式各樣的學說，例如「理到說」（認為理具有運動能力，能自行達到目的）和「理無形無為說」。其中一些學說對理的運動性和能動性採取了完全對立的立場，如「理氣互發說」和「氣發理乘一途說」等。（川原秀城，〈宋時烈的朱子學：朝鮮王朝前中期學術的集大成〉，川原秀城編，《朝鮮王朝後期的社會與思想》，勉誠出版，二〇一五年）由此可見，傳教士對理的批判態度並不能完全歸因於他們思想背景的獨特性，部分原因在於當時朱子學的「理」本身就具有高度的爭議性。換句話說，當理被置於多元的脈絡中，便成為一個備受爭論的問題。

東西方對於理的能動性之辯論

朱子學的「理」在傳教士將其帶回西歐後，西歐知識分子是如何理解的呢？當時，對於「理」的問題最熱心探討的知識分子當然是萊布尼茲。他對傳教士帶回的中國情況高度關心，尤其是針對他們報告中涉及太極、理、天、鬼神等概念交織而成的萬物生成觀，萊布尼茲展開了批判性的分析，並提出了自己獨到的見解。關於「理」，他甚至主張可以將其替換為《創世記》中「神的靈運行在水面上」的「神的靈」這一概念。（山下正男譯，〈中國自然神學論：給德・雷蒙關於中國哲學的書信〉（*Discours sur la theologie naturelle des Chinois: Lettre de M.G.G.De Leibniz sur la philosophie Chinoise, a M. De Remond*），下村寅太郎等人監修，《萊布尼茲著作集十：中國學、地質學與普遍學》工作舍，一九九一年）這些論點顯示，萊布尼茲主張理與神具有同質性。

理之所以被稱為太極，也就是完整無缺之物，是因為理在創造萬物之際，會作用至極致，徹底釋放自己的力量。而且理在創造完成之時，還賦予了萬物一種能力，讓萬物之後能透過自己的自然傾向，預定和諧地走上各自該走的道路。（〈中國自然神學論〉）

此處所提到的「理」，大大超越了傳教士們的詮釋，成為生成萬物、推動萬物的力量本身，可視為一種具有超能動性的存在。甚至可以說，這是一種「超越智能的存在」，是「絕對正確無誤，因此不需要依賴智能」的存在。

在為萊布尼茲的這項詮釋做出歷史定位時，可以再次參考前面引用過的川原秀城的研究。根據他的研究，李滉是朝鮮王朝中反覆對理氣展開辯論的學者之一。他認為，理既無「情意」也無「造作」，但絕非「死物」，反而能夠觸及人心的一切，並窮盡人心的所有可能性，這使得理被視為「具備動力因的活物」。這可以視為在論述理時，將結論導向超能動性的例子之一。換言之，這個時代對理的能動性探討是間接的，但確實形成了一個概念圈，將東西方的論述相互連結。

四、從批判天主教到探索普遍性

被奉為「神道」的儒家

本章最後將探討當時傳教士的翻譯如何與當地人的思想活動發生交流。在中國，這些思想以漢譯的形式傳播，而在日本則以保留來源語的形式傳播，靈魂不滅和神的思想對當地究竟產生了什麼樣的影響？事實上，在傳教士與當地人通力合作的過程中，翻譯出來的基督教與經院學不僅僅被視為一種知識。當地人在接觸這些思想後，開始探究屬於他們自己的普遍性，或提出全新的觀念。耐人尋味的是，這種傾向特別容易出現在對傳教士採取反抗態度的人身上。

首先，明代的儒者對耶穌會傳教士在中國的活動反應頗為複雜。這些傳教士基本上採取順應當地的方針，並做出了許多迎合儒家思想的嘗試。他們不僅試圖對儒家的天、祖先、祭孔典禮提出妥協性解釋，以避免與上帝信仰產生衝突，甚至還借用儒家經書中的「上帝」來說明基督宗教的神（天主）。然而，傳教士的做法並不一定能獲得儒者的青睞。實際上，多數儒者對此持批判態度。例如，儒者認為傳教士擅自用「上帝」來稱呼他們的神是極其不敬的行為。此外，儒家傳統中的上帝祭祀被視為最隆重的典禮，僅有皇帝才能主持。但在傳教士的教義中，無論是皇帝還是平民百姓都可以一視同仁地祭祀「上帝」（神），儒者因此指責傳教士破壞了原有的規定，將導致秩序混亂。

格外耐人尋味的是明代後期儒者王啟元（約一五五九—卒年不詳）的論述。雖然他並非知名人物，但早在一九三〇年代，具有北京大學教授資歷的陳受頤就已發表過相關研究，探討其思想的意義。王啟元的思想可以從全十六卷的《清署經談》中得知。這部書的內容首先讚揚明太祖朱元璋重振祭孔制度等大力推崇孔子的態度，接著開始批判熱中於道教與佛教的士紳。王啟元提倡重新樹立儒家的權威，一方面是因為對皇帝政策的共鳴，另一方面則是對當時士大夫思潮的危機意識。然而，助長這種危機意識的主要因素，實際上是天主教這一新興勢力。他譴責傳教士擅自將「天主」稱為「上帝」，混淆二者以蠱惑人心，並指責傳教士將原本只有天子才能供奉的上帝，稱為所有人皆可祭祀的對象，這已經侵犯了名分。

需要特別注意的是，王啟元提出天主教之禍比佛教之禍更為嚴重的主張，並在《清署經談》卷十六中做出了以下的敘述。

> 世之譏聖教者，不過曰彼所言者人事耳，于神道弗與焉。夫《論語》謂子不語神是矣，乃《易傳》中言神不一而足，不知神而顧言神以為誇乎，他書所載前知之事雖儒者不道，然孔子之既神亦略可證矣。
>
> 作者譯文：世上嘲笑聖教之人，其說法不過是：「他只有談論到人事而已，無關乎神道。」事實上，《論語》有云「子不語神」，但《易傳》中多次言及神，恐怕只是不知神，

卻硬要對神誇誇而談，其他的（佛教和天主教的）書籍所記載的前知之事，儒者只是不願說破而已，但顯而易見地，孔子即是神。

此處「孔子之既神」的「神」，與其說是超越萬物的神，不如說是「前知」，即掌管來生[4]預言的人。「神道」所闡述的正是關於來生的教誨，與現世的「人事」形成對比。王啟元透過批判天主教，重新發掘出儒家作為「神道」的一面。在以往的研究中，通常將康有為在清末提倡的「孔教」視為儒家「宗教化」的起源，但其實在約三百年前，王啟元就已提出了「神道」的觀點。當然，這並不意味著神道之說能直接連結現代的「宗教」概念，但作為儒家宗教化的先驅，這絕對是一個不容忽視的重要例子。

「虛空大道」

佛教的僧侶們無論在日本還是在中國，都成為傳教士們最強而有力的論敵。日本近世佛教研究者西村玲曾聚焦於僧侶們對天主教的批判，指出他們不僅「視天主的世界為十萬億佛土

4　譯註：此處「來生」的意思並不單指「輪迴轉世」的來生，而是包括所有未來世如「天堂」、「地獄」等。佛教和基督教都具有這種來生的觀念。

之一，將天主相對化」，還提出天主是身處於「外界」的普遍存在，而「含納世界萬象的虛空大道」才是「完全的根源」，也可以說是更加完善的普遍存在。（西村玲，《近世佛教論》，法藏館，二〇一八年）

王啟元與僧侶們的論戰告訴我們，近世傳教士所帶入東亞的經院式和基督教式的「普遍性」概念，不僅在當地引發共鳴或引起反感，有時還會透過反作用力式的辯論，促使人們展開新一輪對「普遍性」的探索。同時這也顯示，當時的思想基礎已足以支撐對未知的「普遍性」展開深入的辯論。

延伸閱讀

井川義次，《宋學的西遷：邁向近代啟蒙的道路》（人文書院，二〇〇九年）——啟蒙思想是西歐近代的一大特徵，而這本書就是在討論，經由傳教士從中國帶入西歐的儒家思想，對於啟蒙思想的形成，產生了什麼樣的影響。想從雙方的觀點重新探究西歐與東亞的思想交流的讀者，千萬不能錯過這本書。

折井善果，《吉利支丹文學中的日歐文化比較：路易士・德・格拉納達（Luis de Granada）與日本》（教文館，二〇一〇年）——吉利支丹文學曾被翻譯成日文並廣為流傳。這本書旨在從其原典所成之時代的西歐背景及各傳教地的定位來解讀吉利支丹文學的特質，進而透過與日本既有的「自然」等概念的交叉點，揭示基督教與日本傳統思想之間的共鳴與絕緣之處。

川原秀城編，《西學東漸與東亞》（岩波書店，二〇一五年）——近世西歐科學的翻譯，不但與基督教並行，而且也十分興盛。這樣的翻譯不僅止於單純的個別知識的傳播，還可以看成是西歐與東亞雙邊的學術潮流。傳教士針對西歐的科學與思想，翻譯了哪些內容？而這些內容又對東亞的「天觀、地觀、人觀」的變化，產生了怎麼樣的作用？這本書就是在探討、論證這樣的大哉問。

齋藤晃編，《傳教與順應：執行全球性任務的近世》（名古屋大學出版會，二〇二〇年）——傳教士在中國與日本展開的思想翻譯，總是與他們在當地的傳教行動有著盤根錯節的關係。這本書是以傳教上的「順應」為關鍵詞，從橫向的觀點來解讀，傳教士在拉丁美洲、印度、日本、中國的傳教行動與思想活動，以此為出發點展開探討的書籍，在國際上也十分罕見。

CHAPTER

six

第六章

西方的神學與哲學

大西克智

西洋における神学と哲学

本章將探討西方神學與哲學之間的關係。特別是在基督教世界中，神學既是哲學的基礎，也是深入哲學活動中的重要支撐，對哲學史的演變產生了深遠的影響。本文將嘗試描繪這一變遷過程中的某個片段，而這個片段本身也構成了世界哲學史上的一個重要階段。當然，猶太世界和伊斯蘭世界中的神學與哲學思維之間，也存在著獨特的聯繫。因此，未來應更深入地探討神學與哲學在不同文化中的相互關係。本章亦期望能為此類研究奠定基礎。

為了深入探討這一演變，接下來將重點討論「信」與「知」的關係，首先回溯至十一世紀的安色莫（Anselm of Canterbury），以確認其原型。隨後，我們將依據十六世紀末耶穌會神學家莫利納（Luis de Molina, 1535-1600）、耶穌會神學家兼哲學家蘇亞雷斯（Francisco Suárez, 1548-1617），以及十七世紀哲學家笛卡兒的思想，重新梳理這一關係在巴洛克時期所經歷的決定性質變過程。

一、信與知的原始樣貌——安色莫

神學與哲學

從最廣泛的意義上來看，「神學」（theologia）指的是「思考並闡述有關神之事物的學問」。亞里斯多德的神學認為「神」是「其本身即為至善的永恆生命」，而「形上學」，也就是「第一哲學」，正是他所稱的神學的另一個名稱。至於斯多葛主義，其關於「（眾）神」的理論是其哲學宇宙觀的一部分。在古希臘，無論是何種哲學流派，神學與哲學之間並沒有強烈的緊張關係。然而，當基督教文化領域中的學者開始主導這兩門學問的研究時，兩者的關係才逐漸浮現問題，人們開始強烈感受到神學與哲學之間的分歧。

基督教信仰的架構由一系列超越人類智慧的教義所組成，例如上帝的道成肉身、基督的復活與人類的救贖。然而，無論是古代晚期的教父，還是中世紀以後的神學家，他們大多認為「能夠觸及這類超自然奧祕的是神學，而非哲學。因為哲學的任務僅限於基於人類自然本性的理性範疇」。若有人不持此觀點，那也是極少數中的極少數。當他們探討神學與哲學之間的關係時，例如，探討「建立在神的啟示之上的神學真理」與「哲學理性所挖掘出的真理」之間的關係時，不可避免地會以區別為前提探討之。

然而，在本章中，筆者將儘量避免將這個區分視為理所當然。神學的研究同樣出自人類之手，而哲學自其誕生以來，便以探求某種超越人類的真理為目標。在西方，「上帝」正是這種真理的代名詞。「神學」字面上的意思是「思考與闡述關於神的學問」，其實哲學也可以說是在追求同樣的目標。

然而，在本章中，筆者將儘量避免將這個前提視為理所當然。神學的研究同樣是出自人類之手，而哲學自其誕生之初，便以探求超越人類的真理為目標。在西方，「上帝」正是這種真理的象徵。「神學」從字面上理解是「關於神的學問」，實際上，哲學也可以說是在進行相似的探索。

實際上，神學與哲學相互滲透、融合，兩者之間的界線愈來愈模糊，尤其在後期的時代更為顯著。例如，莫利納的神學著作《調和》（*Concordia*）中，有一個重要部分是哲學論證，旨在分析人類意志在脫離上帝時的力量。又如笛卡兒的《沉思錄》裡，「神的存在證明」（existence of God）幾乎成為其形上學的核心骨幹。隨著不同的詮釋角度，神學與哲學的關係愈加難以捉摸。若將莫利納的「哲學性」論述視為神學的核心元素，那麼它同時也可稱為「神學性」的論述；而笛卡兒對神的哲學思考，亦能被視為「神學性」的探討。當然，也有一些人堅定地反對這種看法。

我們往往無法單靠詢問研究內容或對象究竟屬於神學性還是哲學性來得出結論。因此，若想真正弄清神學與哲學之間的內在關係，我們必須轉變探究的角度，從新的視野重新審視這兩者的互動與聯繫。

神學家與哲學家

雖然神學與哲學的界線經常搖擺不定，但從事神學與哲學的人本身卻沒有任何模糊地帶。無論莫利納多麼深入地將哲學概念運用於神學中，他依然不是哲學家；而笛卡兒再怎麼討論神學性問題，他也不會成為神學家。這種身分界線之所以如此清晰，是因為「從事神學」與「從事哲學」是人類兩種原初的力量。無論是神學家、哲學家，抑或像蘇亞雷斯這樣兼具兩者身分的人，這兩種力量都源自於個人內在的運作，而這種內在運作的現實性是不容質疑的，就像我們不會懷疑「笛卡兒是哲學家」這一事實。

首先，讓我們以一個近世的例子來證明這兩種力量。在萊布尼茲年輕時期所留下的眾多手稿中，有一篇題為〈哲學家的自白〉（*Confessio philosophi*,1672）的對話式文章。以下引述其開頭部分：

神學家：你相信「神即是正義」嗎？

哲學家：對，我相信。不，我知道「神即是正義」。

神學家：你所說的神是誰？

哲學家：全知全能的實體。

神學者：所謂正義是什麼？

請注意「哲學家」是如何回應「神學家」最初的提問。身為「哲學家」的萊布尼茲，刻意讓「哲學家」在回答時，將「相信」改稱為「知道」。這顯示出萊布尼茲的觀點：神學家之所以成為神學家，依賴的是其相信的能力；而哲學家之所以成為哲學家，則基於其知的能力。

的確如此，但正如「哲學家」最初承認的「是的，我相信」，哲學家的內心同樣有信仰的力量在運作。同樣地，作為學術研究者的神學家，也不可能沒有追求知識的渴望。如果「超自然」與「自然」展現了神學與哲學之間的區別，那麼「信仰」與「知識」，以及追求信仰的神學與追求知識的哲學，則是在同一個精神領域中建立起各種關聯。

接下來，筆者將根據本章開頭提到的四位思想家，探討這種在年輕的萊布尼茲眼中所呈現的內在關係——即便他晚年在《神義論》（*Théodicée*, 1710）中正面回應神學家的第三個提問時，也未曾察覺到的這種不存在的內在關聯。首先要介紹的是安色莫，他以空前清晰的語言記錄了自己內心深處所感知到的這兩股力量的運作。

求知的信

安色莫在離開北義大利的故鄉後，跨越阿爾卑斯山，於二十七歲（一〇六〇年）進入位於諾曼第的貝克（Bec）修道院，成為修道士。之後，他於一〇七八年起擔任該修道院院長，並在六十歲（一〇九三年）時，半推半就地接受了英國坎特伯里大主教（Archbishop of Canterbury）的職位。安色莫不擅長處理羅馬教宗代理這類政治性職務，他一生的心靈寄託於祈禱與學術。同時，他對所信仰的上帝抱有強烈的求知欲，推動他將辯證法與邏輯學進一步系統化，最終成為強調「討論」（即立論與反駁）的經院哲學先驅之一。

首先要引用的是安色莫在即將擔任修道院院長時所寫下的前期主要著作《論證》（Proslogion，意為「對話」）中的一段。在此，安色莫闡述了他在思考過程中的基本態度：

主啊，我不會試圖去企及祢的高度。我的理解不可能企及祢的高度。即使如此，我還是無法不希冀自己能更加理解自己心中所愛、所相信的祢的真理。不是為了相信而想要理解，是為了理解而相信。因為我相信「你們若是不信，定然無法理解」。

簡單來說，安色莫的意思是：「即使無法理解上帝的一切，但因為上帝是我的信仰，因此自然會渴望更多地了解祂。這並不是為了透過知識來鞏固信仰，而是因為信仰的感受驅使我想要更深入地了解。如果沒有這種信仰的心情，從一開始，人們就不可能理解任何事物。」

接下來，安色莫說道：「祢的存在正如我們所相信，祢就是如我們所信仰的神……請讓我理解這件事吧。」隨後，他開始證明神的存在。一方面，他請求神「讓我理解」，另一方面，對於神存在的證明，他則依循「理性是人內在一切事物的統治者與審判者」的信念，不倚賴「聖經的權威」。

接著，笛卡兒繼承了安色莫提出的證明，康德則將其稱為「本體論證明」（ontological argument），並宣告其無效，足見這項證明在後世引發了多大的回響。不過，關於這項證明的具體細節，筆者在此略過不談。相反地，筆者希望探討一個關於這項證明的基礎事實的意義——儘管安色莫對負責提出存在證明的理性懷有極大的信任，但這種信任絕不凌駕於他對神的「信」之上。經常有人引用「追求領悟的信」（見《論證》序文）來形容安色莫哲學的象徵性特質。然而，對於「知」的強烈渴望，其泉源最終來自的是「信」。如果是這樣，那麼在「信」中必然蘊含著比這種渴望更為強烈的東西。

經驗與罪

「你們若是不信，定然無法理解。」[1] 這句話是出自舊約聖經的《以賽亞書》，對於自己為何將這句話當成「相信」的理由，安色莫在晚年的著作（《關於聖言的成道肉身的書信》〔*Epistola de Incarnatione Verbi*〕）中做出以下解釋。

> 之所以這麼說是因為，人不相信就無法經歷，沒有經歷就無法知道。

1 譯註：出自〈以賽亞書〉的第七章第九節，中文合和本的翻譯是「你們若是不信，必站立不穩」。在「站立不穩」的部分，作者採用了「無法理解」的譯法。

反過來說，唯有「信」值得「經驗」。包含自己在內，每個人每天都在累積無數大小的經驗，而這種經驗並非其中之一。而是一種強烈經驗，令人感受到獨特的真實感（reality），讓人不禁覺得自己活著的感覺完全仰賴於它。對安色莫來說，這種經驗就是「相信」。為何相信非得是如此不可呢？就在「主啊」一詞之前，他如此敘述道（引號中的文字引用自舊約聖經的《詩篇》）：

「我的罪高過我的頭」，將我掩蓋，「如同重擔」般壓迫著我。請祢為我去除我身上的罪，卸下那重擔。

「罪」的觀念可以追溯到聖經中的原罪神話。保羅曾說：「罪從一個人（指亞當）進入世界，因著罪，死亡接踵而來；於是死亡波及全人類，因為人人都犯了罪」（新約聖經〈羅馬書〉）。透過保羅的認識，「罪」在基督教神學中占據了核心位置。如果安色莫所說的「經驗」正面刻著「相信神」，那麼它的背面則刻著「求祢帶我們脫離罪惡」（《詩篇》／《論證》）。

即使我們很難體會安色莫因罪責而感到不寒而慄的心情，但應該能想像到他所說的「罪」並非可以透過理性認知加以消解的抽象概念，而是一種擁有實際力量、能夠折磨他的具體存在。「為何他〔指亞當〕要遮斷我們的光線，讓我們被黑暗包圍？為何他奪走我們的生命，讓我們承受死亡？……如此悲慘的喪失、如此悲慘的苦惱，一切都是苦難。」這段文字寫在前述的引用文之前，無庸置疑地，這段話是他心底的哀嘆。安色莫的信仰推動他追求清晰的知識，而這種信仰本身是以對罪責的恐懼為驅動力以對罪責的恐懼為驅動力。他正是憑藉這種信仰成為一位神學家的。

在繼續討論之前，讓我們提及奧斯定。在安色莫之前，他同樣宣稱自己是一個「為了理解而相信」的人。奧斯定試圖用「知」的力量來支撐對罪與邪惡的恐懼，成為基督教思想史上的第一人。作為第一人，他所感受到的恐懼，遠比安色莫的恐懼更加混沌，但正因如此，可能也更加強烈。兩人之間相隔六百年，是安色莫以最純粹的形式，從混沌中提煉出信與知的作用的歲月。

同樣是六百年，從安色莫的時代向後世看去，信與知的關係究竟發生了怎樣的變化呢？

二、信與知的分離——莫利納與蘇亞雷斯

第四教規

一五三五年，莫利納出生於馬德里東方的昆卡（Cuenca）；一五四八年，蘇亞雷斯則出生

於安達盧西亞（Andalusia）的格拉納達（Granada）。兩人皆曾在西班牙最古老的薩拉曼卡大學（University of Salamanca）修習神學與哲學，並在十五到二十歲之間加入於一五四〇年成立的耶穌會。成年後，莫利納最初在葡萄牙的孔布拉和埃武拉（Évora）的大學任教，隨後任職於鄉村的神學院；蘇亞雷斯則在各地的耶穌會附屬學校任教，之後就任於孔布拉大學，兩人教授的都是神學與哲學。然而，並沒有證據顯示他們在當時有過實際的交流。

談到他們的思想，不能不提及在宗教改革浪潮中力挽狂瀾的反宗教改革運動，尤其是「特倫多大公會議」（Council of Trent）。大公會議是全天主教的最高權威機構，負責將正統信仰（天主教）的教義確立為「教規」（Canon）。任何違反教規的人和思想都會被視為異端而遭到排斥。特倫多大公會議制定了許多教規，其中一五四四年第六屆總集會所制定的第四教規，對十六世紀下半葉的神學與哲學產生了決定性的影響。

任何人只要主張「意志不能與上帝唱反調」即為異端。

反過來說，「意志有所意願，它亦可以不依循神的旨意」。自中世紀以來，人們認為人類的行為是基於「人的意志」和「神對該意志的影響」這兩者的基礎。神的影響並非強制，而是留有「不同意」的空間給人類。不依循上帝敦促人行善的旨意，即為行惡，而行惡的責任歸屬當然落在人身上。反之，若「不同意」是不可能的，那麼惡行的責任就無法歸於人類，反而神必須承擔對惡行的責任，這樣的情況顯然是不妙的。

第四教規之所以要為中世紀一貫的共通理解重新背書，意在抨擊可能肯定基督新教「不能不依循」的決定論思想。路德曾說：「關於救恩與咒詛，人類沒有自由意志。人類的意志不是被神擄獲，成為神的奴隸，便是被魔鬼捕獲，成為魔鬼的奴隸。」〔《論奴隸意志》（*On the Bondage of the Will*）〕

在舊教與新教針鋒相對的同時，舊教各派內部的志士們也因為同屬一派而展開了對教規字面詮釋的漫無休止的爭論。在這場象徵著十六世紀下半葉神學界混亂的「恩典論戰」中，顛覆了以往的神學認知，莫利納的自由意志主義（libertarianism）在「恩典論戰」中大放異彩。

作惡的自由

莫利納的主要著作一般稱為《調和》，正式書名為《自由意志與恩典之賜、神的預見、措置、預定及咒詛的調和》（*Concordia liberi arbitrii cum gratiae donis, divina praescientia, providentia, praedestinatione et reprobatione*，初版一五八八年，修訂版一五九九年）。恩典、預知、天意、預定及咒詛，都是神的意志乃至智慧的作用，又或者其作用下的產物。莫利納在該書中試圖論證，這些元素與人類的自由意志處於完全「調和」的狀態，彼此之間不會產生相互排斥的情況。

論證的關鍵在於作品標題中並未提及的「協作」。恩典來自上帝的「特殊的〔超自然的〕作用」，例如皈依、救贖等超越人類能力的行動；而「協作」則是指上帝對人類意志所施加的一般行為所產生的「一般性的（即自然水準上的）作用」。這是一個經典的案例，顯示出神學性的思索如何進入哲學思考的自然領域，也是使神學與哲學的界線變得模糊的典型例子。莫利納進行了一連串複雜而精密的論證，並在最後寫道：

> 人類**因為自己的自由與放縱**，濫用上帝賦予的意志和協作，從事與自然的創造者（指上帝）毫無關係的事情（指惡行）上。

正如前面所言，第四教規之所以接受不同的意見，是為了不將罪惡的責任歸咎於上帝。人們依循自己的意志背離上帝，犯下罪行並承擔其罪責。這種背離和罪行可以被視為「人類自由」（human freedom）的證據，但這些行為並非基於人的自由。自由只能與善（行）相連結。自古以來不曾被質疑的這一大前提，也是以第四教規為根據。反過來說，教規本身並沒有絲毫維護人類自由的意圖。

莫利納用前述的那句話，一刀斬斷了自古以來「自由與善相連結」的這一大前提。這種「濫用」，也就是背離上帝、拒絕上帝促使人向善之旨意的行為，被視為人類的「自發的自由」，在書中其他地方又稱為「行惡的自由」。此外，莫利納對於拒絕「一般性作用」的自由所做出的論證與結論，還被他套用到神的一切作用上。於是，自然與超自然的區別失去了意義，人類成為能夠拒絕恩典和救恩的自由存在。不僅如此，《調和》一書甚至被誤讀出一種扭曲的觀念：只有刻意在意志上違背上帝，才能體現出更大的自由。

不求信的知

在「恩典論戰」中，雙方因細微的語感差異而僵持不下，一方認為「人並非想拒絕而無法拒絕神的作用力」（道明會流派），另一方則直截了當地主張「人可以拒絕神的作用力」（方濟各會流派、耶穌會流派）。然而，無論是在「恩典論戰」中，甚至回溯整個神學歷史，在莫利納之前都找不到比他更肯定人類力量的神學家。沒錯，莫利納終究是一位信仰虔誠的神學家。他之所以有「人類可以自由拒絕神的作用力」的觀點，應該是因為他想證明「拒絕並行惡的是人類，惡的責任不能歸咎於神」，這一點源自他對「信」的依賴。然而，為何他的「知」卻走向了人類自由的絕對化呢？

自然而然地，安色莫的「信」所附帶的負罪感又被喚起。這種持續的顫慄在莫利納的「信」之中是完全察覺不到的。若感知到的話，「行惡自由」的觀念恐怕就永遠不會出現在他的心中。免除了恐懼的「信」所促成的這種「知」，最後找尋到的神是一種即使拒絕也不要緊的神，這或許是理所當然的結果。「信」對安色莫的「知」而言，是泉源，是依據，是歸所。從這一點來說，「求知的信」同時也會是「求信的知」。然而，這樣的「信」並非莫利納的知所追求的。

自莫利納主義（Molinism）出現以來，對其作為無神論的批評聲音不絕於耳，但我們當前無需探討這些批評是否合理。更為重要的是莫利納在思想史上所扮演的關鍵角色。他似乎接替了宗教立場與他截然相反的路德（主張「因信稱義」）。早在路德於一五一七年撰寫〈九十五條論綱〉之前數年，他在舊約聖經〈詩篇〉的講授中，曾對「神學研究者」的定義作如下敘述：

人成為神學家，不是以一個活著的人的身分，而是更確切地說，以一個終將死亡、被詛咒的人的身分，而非依靠理解、閱讀或思辨的能力。

「受詛咒之人」可以更溫和地譯作「負罪之人」，但路德對「神學家」所要求的罪責意識強烈到足以讓他將對知識的渴望視為應當避免的事。被罪惡與死亡觀念束縛的路德，並非透過追求知識，而是透過拒絕知識，迅速回歸保羅的信仰。路德在世紀初以此方式宣告了信與知的分離，而莫利納則在世紀末以相反的方式——不再讓信追隨知——再次宣告了這種信仰與知識的分離。無論是德國農民戰爭（German Peasants' War）還是法國宗教戰爭，其深層根源都隱含著這種信與知的分離。

蘇亞雷斯將莫利納經內在轉化後的「知」，在接下來要討論的蘇亞雷斯的手中，將在學問體系中被提升至「信」之上。

擺脫「婢女」身分

蘇亞雷斯的著作經過一系列校訂，總共多達二十八卷。這些著作大致可分為神學家蘇亞雷斯的作品，包括討論恩典等神啟事蹟的「超自然神學」，以及探討教會法與教徒生活方式的「道德神學」作品，共二十六卷。而第二十五、二十六卷則是哲學家蘇亞雷斯所撰寫的《形上學論辯》（*Disputationes Metaphysicae*, 1597）。該作品從第一項論辯中界定「第一哲學或形上學的本質」開始，直到第五十四項論辯討論「假想性存在者」，內容相當廣泛。本文將僅限於探討蘇亞雷斯在這部著作中所寄託的思想意圖及其在思想史上的重要性。

關於《形上學論辯》的內部結構與基本原理，蘇亞雷斯在〈第一項論辯〉中做出了以下的預告：

> 如果我們不能先掌握關於存有、實體、原因，以及其他類似事物之間共通的根據，就無法在形上學中得到關於神的正確而具有論證性的認識。之所以這麼說是因為，若不透過神之作用，或不依據共通的根據，我們就無法認識神。

首先在人類理性能夠探索的「共通的根據」之上，確立「存有、實體、原因」等形上學的概念。接著，在這些概念的基礎上，換言之，就是只在自然的層面上，獲得「關於神的正確而具有論證性的認識」。如此獲得的認知和超自然神論，也就是神學之間有著什麼樣的關係呢？

在《形上學論辯》的〈序言〉中，蘇亞雷斯以一反常態的自白口吻，敘述了自己為何會寫下這本書。他大概是這麼說的：「過去我教授神學的工作，是負責為評述神聖的神學教誨，然而，某次我發現自己不得不中斷講課。因為首先，我必須重新審視自己過去教授的內容，徹底詳查，做出進一步推演，並公開出版成冊。」

然而，中斷神學，先回歸哲學，並不是為了日後再次回歸以追求更完整的神學。同樣在〈序言〉裡，蘇亞雷斯又指出，「神聖的超自然神學」是「根據人類所行使的討論與推論完成的」。或者說，「第一哲學」是「以各種方式支撐、維持所有的學問」。「所有的學問」也包含了神學。蘇亞雷斯中斷對神學的探究，首先是為了以形上學的架構來認識神，而且因為只要有此認知，就萬事足矣。

「出自於自然本性的理性和哲學性認知，只有在踏入神啟與恩典的領域後，才會被得到充分發展，同時也才能揭示其極限。哲學是走向神學所需的踏腳石，但追根究柢也頂多是神學的僕人而已。」自多瑪斯．阿奎那提出這項說法，直至十六世紀，基本上人們一直都堅持著這樣的想法。蘇亞雷斯顛覆了「第一哲學」乃至「形上學」，賦予其「神聖的超自然性的神學」

的任務——阿奎那在《神學大全》中引用的說法。依據蘇亞雷斯的看法，探究哲學的「知」不需要對神學的「信」。「完成」者的完整性並不會因受動者的存在與否而受到影響。

事實上，《形上學論辯》中時常可見哲學服從於神學的傳統立場表述，然而這些表述缺乏實質內容，這一點從蘇亞雷斯的理論方針中可以清楚看出。他繼承了莫利納的思想，試圖最大化人類的自由，並相應地削弱神的存在感。這樣的神在人類世界所帶來的「結果」，有時甚至會引發對「神的內在是否存在某種惡與不合宜之處」的懷疑，甚至認為「神可能成為被憎恨的對象」（《第十九項討論》）。當我們稱蘇亞雷斯為「神學家兼哲學家」時，實際上這位神學家是依靠那些「理解、閱讀及思辨」的哲學家們的支撐，才能勉強維持其神學家的身分。

如果說莫利納的《調和》將知識最終放棄信仰的過程濃縮於一部作品中，那麼蘇亞雷斯則透過系統化的步驟，將《形上學論辯》從神學著作中分離出來，再次展示了這一相同的過程。即便他們仍保有某種信仰，但這種信仰已經失去了對知識的統御力量。

就這樣，我們將追隨寫下《關於證明神的存在及靈魂與身體區別的第一哲學沉思》（通稱《沉思》）的哲學家笛卡兒，來探討被迫分離的「信」與「知」進一步的發展與走向。

三、問題的重新建構——笛卡兒

關於神學的背景

一五九六年，笛卡兒出生於法國的都蘭（Touraine），從八歲起，他在耶穌會所營運的拉弗萊什（La Flèche）的皇家大亨利學院（Collège Royal Henry-Le-Grand）學習。歷經了數年的漂泊，一六二九年起定居於荷蘭。並於一六四九年應聘至斯德哥爾摩擔任教師，隔年死於他鄉。

在十七世紀的學術界中，神學仍居於一尊的地位，神學依然占據著主導地位，並在笛卡兒的生活與著作中留下了深刻的痕跡。激勵他走向哲學的人是奧拉托利會（Oratoire）的樞機主教皮埃爾・德・貝呂勒（Pierre de Bérulle）。在笛卡兒未完成的著作《指導心靈的規則》（*Regulae ad directionem ingenii*, 1628）中，展現了他年輕時試圖透過理性揭開信仰根源的雄心壯志。笛卡兒的另一本著作《世界論》（*The World*）則是探討自然學的著作，但由於伽利略在一六三三年因支持地動說而遭到異端審判，笛卡兒放棄了該書的出版。隨後，他為了讓該書的部分內容得以問世，寫下了《談談方法》（*Discours de la méthode*, 1637）一書，然而，由於內容與經院哲學的決裂及風格過於前衛，他遭到了新教神學家吉貝爾圖斯・沃修斯（Gisbertus Voetius）和耶穌會神父皮埃爾・布爾丁（Pierre Bourdin）的攻擊，進而引發了「烏得勒支衝突」（quarrel of Utrecht）[2]，笛卡兒直到晚年都為此筋疲力竭。笛卡兒在其重要著作《沉思錄》（一六四一年初版；一六四二年第二版）公開出版之際，在書中附上了自己對事前收到的反駁所做出的答辯。當他在為安托萬・阿爾諾（Antoine Arnauld）等神學家的反駁展開答辯時，內容無可避免地會談論到神學與哲學的關係。

每當笛卡兒遇到這種狀況時，他都會一邊提出自己對於宗教與神學的見解，一邊加以微調，但他的基本立場始終不變。《哲學原理》（*Principia philosophiae*, 1644）是將《沉思錄》的探究過程重新編排成教科書形式的著作，在總括該書〈第一部〉的第七十六項中，他大概這麼說道：「我們必須相信，神所啟示的事物才是最為確定無疑的。如果理性之光清楚且明顯地顯示出某事與神的啟示不符，應當依靠的不是自己的判斷，而是神的權威。然而，對於那些信仰未曾教導的事物，若一個人未曾親自洞察其真實性，卻盲目接受為真，這便與哲學徒的身分不相符。」

作為一名普通信徒，笛卡兒接受了天主教教義。上述引文中，以「如果」開頭的這句話只

2 譯註：衝突的開端是因為笛卡兒的學生雷吉尤斯（Regius）在烏得勒支大學，以笛卡兒的哲學體系授課，被時任校長的吉爾伯特・沃埃特斯（Gilbert Voetius）大力反對，後續令笛卡兒遭到法律控訴，其思想被下達禁令等挫折。

是為了強調這一點。實際上，他從不認為神啟與理性有可能產生矛盾。笛卡兒將這第七十六項稱為「最優先規則」。接著，以「然而」為開頭的句子則是來自《沉思錄》的「方法論懷疑」（methodical doubt），無論是這句話，或是提到神啟的部分，確實都沒有說謊的成分。只不過，他也未表明真實意圖。若當時的時代環境允許，笛卡兒或許只需一句「我對神學不感興趣」便能表達他的立場。實際上，他在寫給友人克里斯蒂安・惠更斯（Christiaan Huygens）的書信中，就曾毫不掩飾地說了以下的話（一六四二年一〇月一〇日之書信）：

雖然我想要相信宗教所教導的一切事物，實際上我也覺得自己是虔誠的信徒，但比起那些基於人類自然本性、擁有明確根據的事物，宗教事物已無法那麼強烈地打動我的心了。

有鑒於神學與哲學經歷了彼此緊緊相連的漫長歷史，神學的各種詞彙、思想和問題自然會滲透進笛卡兒的哲學思想中。他注意避免與宗教勢力產生不必要的衝突，也是無可厚非。在笛卡兒對神學的論述、對宗教的自我辯明中，想找出比「無可避免」、「無可厚非」更深一層的意義，恐怕只會徒勞無功。之所以說笛卡兒是哲學家而非神學家，歸根結柢就是這個緣故。

信的根據

雖說如此，我們仍有必要回顧以下幾點。安色莫的信仰之所以受到恐懼的規範，是因為信仰的觀念超出了他理性與知識的掌控範圍。再者，莫利納與蘇亞雷斯的「知」之所以不受「信」的約束，並非故意忽視信仰，而是因為他們的「知」已經脫離「信」而獨立發展。這三個案例清楚地顯示，無論是在神學還是哲學領域，「信」與「知」的問題絕非一句「學問知識的性質問題」所能概括。作為這個問題的核心人物之一，笛卡兒在非刻意的情況下，承繼了這種「信」與「知」的關係。不，應該說，和其他所有思想家一樣，他不可避免地被捲入了這個關於人類信仰與認知能力的哲學議題中。

再讓我們回頭談談安色莫。「人無法全面地理解神」這種想法促使他想證明神的存在。同樣的觀點也是《沉思錄》中證明神的存在之重點，但他在《哲學原理》中，又做出了更進一步的思考。讓我們來看看〈第一部〉第四十一項的後半部分。①朝上帝邁進的這種想法，②反轉到人類身上，③出現新的局面。

……①我們無法總體性地理解上帝的能力，這種無法理解甚至可以說明為何上帝要為人類保留自由行為，而不預先決定。②但另一方面，關於我們的內在自由，沒有任何其他東西能夠讓我們如此清晰、完整地全面理解……③實際上，即使有些事物，就其本質而言是無法被全面理解的，但若我們不去理解我們所知道的事物，甚至懷疑那些在內心深處全面理解，並且親身經歷的東西，那是不合理的。

①儘管可以證明上帝全能的事例眾多，笛卡兒卻刻意選擇以「上帝沒有預先決定人類的行為」的理由為例子，不僅如此，②他還藉此反過來強調人類的自由。他之所以刻意這麼做，是因為③他感受到「自己的意志是自由的」的這種「體驗」，而這種「體驗」具有高度現實性，因而也具有不可懷疑性。

在安色莫的例子中，對罪惡的恐懼是他實際經歷的真切體驗，這種體驗支撐著他對上帝的信仰，並讓他強調「信」才是獨一無二的經驗。相反地，笛卡兒在第四十一項中明確指出，對他來說，這類經驗的對應點是意志的自由。這並不是一個簡單的問題，並非意志取代了信仰。對笛卡兒而言，意志反而是信仰的基礎。

這是怎麼一回事呢？我們就以「信」、「信仰」以及「相信」這些詞彙的基本用法為線索，繼續探究下去吧。

來自意志的信

雖然拉丁語或法語中都存在著特定名詞來表示宗教上的「信」也就是「信仰」（拉丁語：fides，法語：foi），卻沒有一個動詞是專門用在宗教意義上來表達「相信」的。根據上下文，一個泛指「心想」[3]的一般性動詞，也可以表達「相信神」之意。當然，信的對象，也就是接在相信後面的受詞，可以換成其他各種詞彙。這時，神學家可能會說：「『相信神』和『相信那個男人說的話』在性質上完全不同，因為相信的對象不同。」然而，笛卡兒則會回答：「兩者都是相信，沒有區別。」他為何敢如此斷言呢？因為相信是一種出於意志的精神作用。在針對《沉思錄》而寫的〈關於第五組反駁的書信〉中，笛卡兒詳細解釋了人類如何透過心理機制來相信神所啟示的真理：

即使是涉及信仰的真理，我們必然首先感知到某些根據，這些根據使我們確信其為神的啟示，然後我們才會自願去相信那是真理。

3　譯註：「心想」的日語原文為「思う」，指「思考」或「認為」，根據上下文可解釋為「相信」，也可以用來表達個人對某個事物的主觀看法或情感。

根據說明的前半部分，「這個真理來自神的啟示」這種信念之所以產生，是因為人類首先掌握了引發確信的根據。後半部分指出，人類「自願去相信」這個真理。這裡的直譯是「自己決定相信」，而「自己決定」是笛卡兒在討論意志作用時常用的表達方式。因此，「自願去相信」實際上是指「憑藉自己的意志去相信」。此外，開頭的「即使」隱含著這樣的含義：在人類從把握真理到肯定真理的過程中，透過理性理解事物的根據，並確信該根據的真實性，再透過意志來肯定這項真理，同樣的過程也適用於「信仰的真理」。

關於這個「即使」，笛卡兒在寫給神學家的〈第二組反駁〉中，做出了以下論述：

清晰性，更進一步來說是明確性——正是憑藉這一點，我們的意志才能被引導至同意——這其中蘊含著雙重意義。一方面來自自然之光，另一方面來自神的恩典。

當自然之光，也就是理性之光，照耀人的感知時，人從自身所獲得的認知會變得清晰。上帝所賦予的恩典則是無條件的明晰。無論如何，這種清晰性都會促使意志去同意後天的意識恩典。所謂的「同意」，在認知上指的是「肯定」，而在面對恩典時則有「領受」之意。在笛卡兒的觀點中，意志絕不可能不肯定清晰的認知，或不領受恩典。肯定與領受，都是立基於人類自發性的意志。

笛卡兒在探討人類精神時，將焦點集中在內在的意志作用上，而不考慮推動這項作用的外部對象（如上帝或清晰的認知）。正因如此，他的精神能毫無雜念地感受隨意志作用而來的真實性（reality）。從前述「從心智對根據的覺知，到意志對真理的肯定」的過程中可以看出，基本上這種意志與「知」之間並不存在對立關係。只要意志能夠作為「信」的依據，就無需用二元對立的方式看待「信」與「知」。在面對這個由來已久的「信」與「知」的問題時，笛卡兒拆解了其整個架構，並將「信」從神學領域中拉出，進入以「經驗」為指引的一般領域。

結語——「經驗」的未來

「信」源於意志。關於「信」的形式在笛卡兒思想中所隱含的問題，筆者將簡明扼要地指出其要點，作為本章的結語。

「憑藉自己的意志去相信」，反過來說，也意味著可以選擇不相信。如果是這樣，那麼笛卡兒是否最終成了莫利納（「作惡的自由」）和蘇亞雷斯（「神也可能成為憎恨的對象」）所導致的過度自由意志論的繼承者呢……？在超過一百年的笛卡兒研究史中，這個問題反覆被提出，我只能說，情況絕非如此。相比以教規為基準的神學正統與異端之爭，或無神論問題，更為驚人的問題其實另有所在。

將「信」的依據限制在自發性的意志範圍內，意味著「信」不必依賴任何人（如神）或事物（如教會、教義）。換句話說，源自意志的「信」是一種排除宗教信仰的「信」，即使在沒有宗教信仰的前提下，仍試圖建立的「信」。這難道不是無神論的問題嗎？——不是的。笛卡兒將「信」從宗教領域轉移到「經驗」的普遍範疇中。無法作為依據的「誰」，首先是神，但不僅限於神。無法作為依據的「什麼」，一開始是教會或教義，但也不限於此。借用「最優先規則」中的說法，無法作為依據的事物，涵蓋了所有權威以及「未曾親自確認真實性」的事物。

人類真的能夠追隨意志的「信」，而不因陷入孤立無援的狀態而感到害怕或恐懼嗎？在笛卡兒決心將自己自幼以來接受的所有知識一筆勾銷，並「回到最初的基礎上重頭來過」（〈第一個沉思〉）之前，他一定也曾感到畏懼與驚慌。然而，其他人又是如何應對的呢？面對感慨自己命運多舛的普法爾茨的伊麗莎白公主（Elisabeth von der Pfalz）時，笛卡兒曾這麼回應（一六四五年十一月三日的書信）：

> 認知到神的存在不應動搖我們對自由意志的確信，因為我們在內心深處能夠體驗並感受到意志的自由。

從內容上看，這段文字基本上與《哲學原理》〈第一部〉第四十一項並無明顯差異。然而，語言在面對特定個體時，能展現出一般論述所無法比擬的強大力量。這裡的「確信」是建立在拒絕一切知識性權威的前提上，而伊麗莎白當時並未意識到這一點。當她意識到這一點時，她便如同曾經克服恐懼的笛卡兒一樣，站在了能否再次克服恐懼的十字路口。笛卡兒在表達時是否意識到自己所言可能迫使對方做出選擇？還是說，他預測對方不會察覺這一可能性，因此才敢發言？至於他所闡述的「經驗」將如何引導他人及自己，以及「信」與「知」在未來所展現的各種關係，笛卡兒究竟預見了多少？——這個問題，暫且留待後日再探討了。

延伸閱讀

卡爾．里森胡貝爾（Klaus Riesenhuber），《中世紀思想史》（平凡社，二〇〇三年）——在思考神學與哲學的關係時，最好以中世紀思想史的整體樣貌為基礎。這本書並不著重於複雜的概念史，而是將重點放在描述「信」與「知」的關係如何變遷，因而非常適合作為快速瀏覽的閱讀材料。

速水敬二，《文藝復興時期的哲學》（筑摩叢書，一九六七年）——雖然出版年份相當久遠，但其內容並未過時。關於十六世紀宗教思想的樣貌，在上述的《中世紀思想史》中略顯單薄，但在這本書的第二章中，敘述既不過於詳細，也不會過於粗略。筆者認為，這本書至今仍是內容分配最為合適的哲學史著作之一。

安色莫（Anselm of Canterbury），古田曉譯，《安色莫全集》（聖文舍，一九八〇年）——將安色莫的主要著作匯集成冊是一項壯舉。書中的翻譯水準極高，對各項著作附上的解說也非常精確，再加上書末註釋的豐富性，全面整合了時代背景、安色莫的思想以及現實社會的活動。從各個方面來看，對任何想了解安色莫的人而言，本書都是不可或缺的資訊來源。

大西克智，《意志與自由：一個譜系學》（知泉書館，二〇一四年）——該書是本章作者的著作，能在此引用實在讓筆者感到不安。然而，由於找不到其他詳細探討莫利納與蘇亞雷斯思想的日文書籍，因此決定在此介紹。整體而言，這本書的目的是聚焦於「惡」的概念，重新構建從奧斯丁到笛卡兒的自由意志主義譜系。

專欄三
活字印刷術與西方哲學　安形麻理

約在一四五五年，約翰尼斯・谷騰堡（Johannes Gutenberg）在德國美茵茲（Mainz）發明的活字印刷術，為大量生產書籍鋪開了康莊大道，徹底改變了資訊與知識的流通方式，並對西歐近代社會的形成產生了重大影響，因此被稱為「印刷革命」。儘管高麗王朝的活字印刷術早於德國發明，但在其發明之後的很長一段時間內，東方的印刷仍以整版印刷為主流，活字印刷術對社會的影響不及西方來得深遠。利用一個字模鑄造大量相同形狀的金屬活字，並將其重複組合與使用，這種排版方法在拉丁字母文化圈中具有極大的優勢。不到五十年，活字印刷術幾乎傳遍整個歐洲，據估計，到十五世紀末，已出版約四萬版（其中有些作品重複出版），總印刷量約達兩千萬冊書籍。

無庸置疑，活字印刷術的出現對希臘和羅馬哲學在西歐的發展發揮了十分重要的作用。亞里斯多德的哲學在西歐中世紀初期，原本僅透過波愛修斯（Boethius）的著作流傳，但到了十二世紀，這些思想經由伊斯蘭世界傳入西歐，並被人文主義者翻譯成拉丁語。與手抄本時代相比，印刷術使得這些翻譯和校訂的成果更容易獲得。

十五世紀印刷書的總目錄《Incunabula Short Title Catalogue》顯示，亞里斯多德的著作在十五世紀共印行了一百七十五版，其中大部分為拉丁語版，唯一的希臘語版則是由威尼斯的阿爾多·馬努齊奧（Aldo Manuzio）出版的。馬努齊奧是一位人文主義印刷業者，被譽為「學術巨匠印刷家」，他成功開發出易讀的希臘語活字，並熱中出版希臘古典作品。貿易之都威尼斯在當時也是最大的出版城市，隨著一四五三年東羅馬帝國的解體，許多希臘人流亡到其他地區。

接著，透過圖書資料庫「Universal Short Title Catalogue」搜尋印刷於十六世紀的哲學主題書籍，可發現共登記了四千五百五十版。其中將近三成是在義大利印刷（其中一半以上是在威尼斯），兩成多是在法國印刷（超過一半在巴黎）。依作者劃分，印刷最多的是亞里斯多德的八百三十三版，其次依序為伊拉斯謨的一百三十九版、吉貝爾圖斯·沃修斯的一百三十四版、安東尼奧·德·格瓦拉（Antonio de Guevara）的一百二十八版和多瑪斯·阿奎那的一百二十版。這些著作涵蓋的領域廣泛，包括希臘羅馬哲學家、經院哲學及同時代的人文主義者的作品等。

在這段期間，書籍中的標題頁和頁碼開始普及，並加入了目次、索引等參考工具。主流字體則逐漸由哥德體（Blackletter）轉變為羅馬體（Roman type）。書籍的物理特徵與讀者的期望和閱讀方式相互影響。除了哲學著作的內容外，承載這些內容的媒介的具體物理特徵，也應成為我們研究時的重要參考角度。

專欄四
文藝復興與神祕學思想　伊藤博明

喬瓦尼・皮科・德拉・米蘭多拉（Giovanni Pico della Mirandola, 1463-1494）的人性論被認為是義大利文藝復興的代表性思想。他認為，人類並不是由神預先決定地位和本性，而是透過自由意志選擇自己的地位與本性，因此人類的尊嚴源於這一選擇的能力。

皮科提到的「人類」例子是「Magi」。他認為，魔術（magia）最初是由名為「Magi」的祆教祭司階級所擁有的最高智慧，充滿深奧的神祕，能引導人們深入祕儀的觀照並認識整個自然。與其說魔術是透過召喚隱藏在世界中的各種力量來創造驚人的業績，不如說它是服務於自然，因此在這層意義上被稱為「自然魔術」（magia naturalis）。

阿格里帕・馮・內特斯海姆（Agrippa von Nettesheim, 1486-1535）在《祕術哲學》（*De Occulta Philosophia*）一書中發展了皮科的論點。他認為，自然魔術是對自然現象和天界現象所有力量的深思熟慮，並對其秩序展開仔細探究，從而在下位事物與上位事物的相互照應中認識到自然的隱祕（神祕）力量。因此，令人難以置信的奇蹟往往是由自然所引發，而非人類的技術。

阿格里帕所提到的魔術，並非指聖人創造的奇蹟、惡魔施展的妖術，或違反自然法則的現

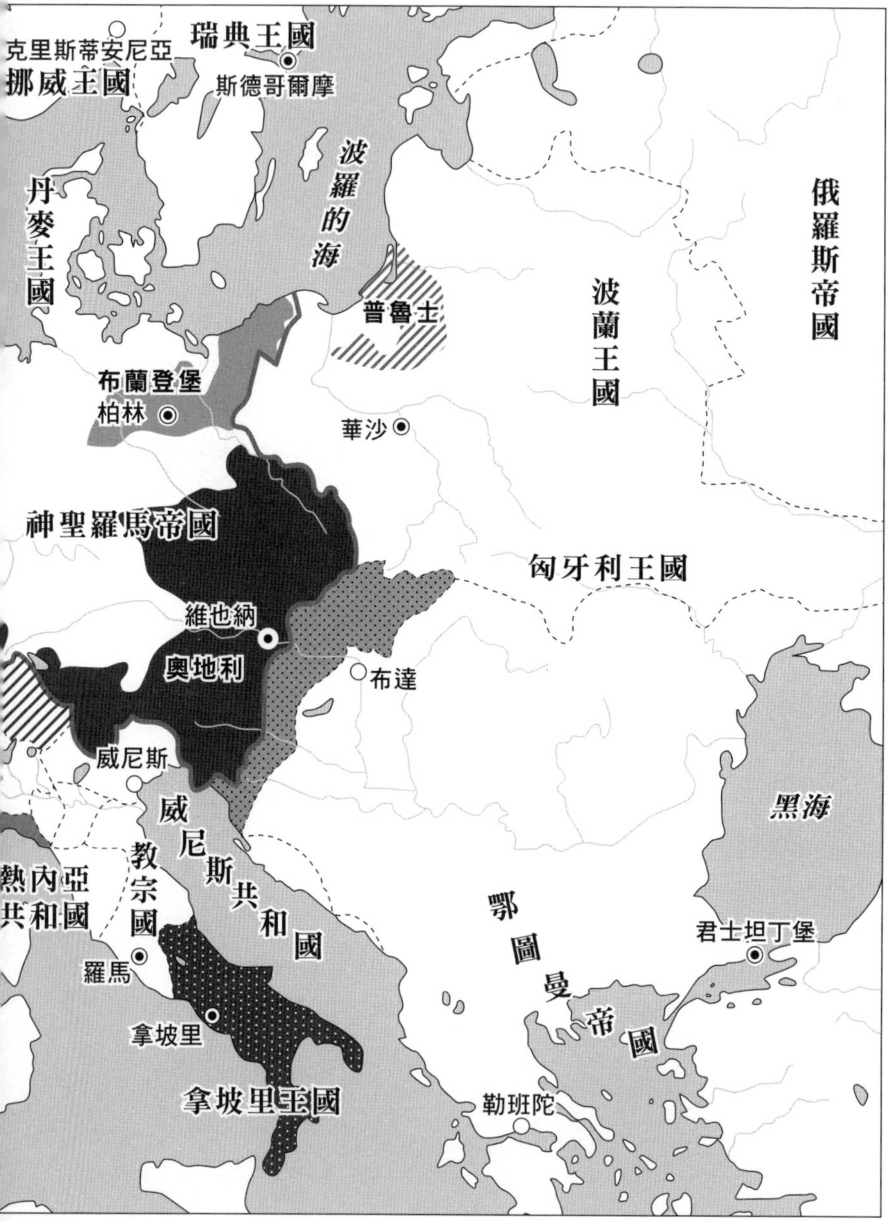
克里斯蒂安尼亞
挪威王國
瑞典王國
斯德哥爾摩
丹麥王國
波羅的海
俄羅斯帝國
普魯士
波蘭王國
布蘭登堡
柏林
華沙
神聖羅馬帝國
匈牙利王國
維也納
奧地利
布達
威尼斯
黑海
威尼斯共和國
教宗國
熱內亞共和國
鄂圖曼帝國
君士坦丁堡
羅馬
拿坡里
拿坡里王國
勒班陀

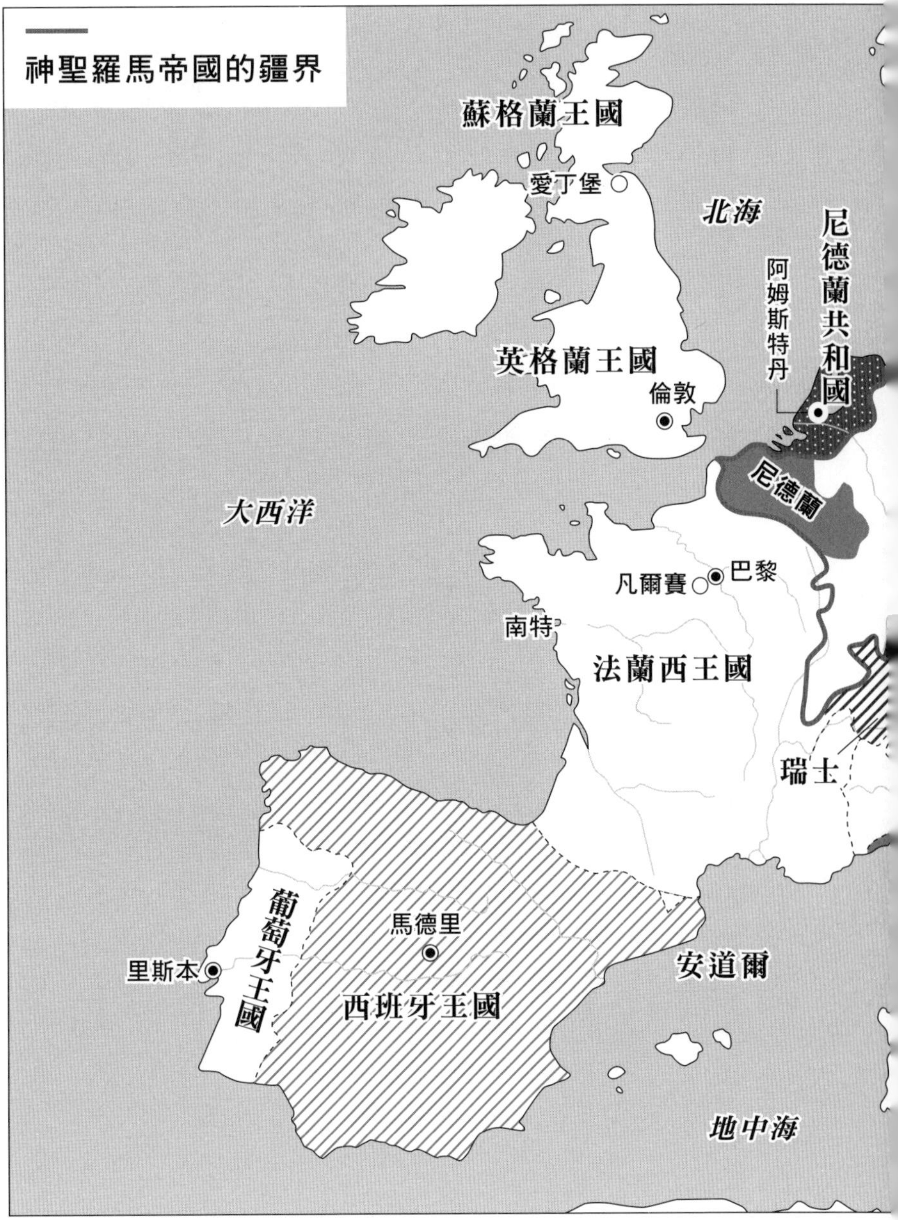
神聖羅馬帝國的疆界
蘇格蘭王國
愛丁堡
北海
尼德蘭共和國
阿姆斯特丹
英格蘭王國
倫敦
尼德蘭
大西洋
巴黎
凡爾賽
南特
法蘭西王國
瑞士
葡萄牙王國
馬德里
里斯本
安道爾
西班牙王國
地中海

十七世紀中葉的歐洲

象，而是對自然事物及其力量的深刻闡釋。用皮科的話來說，這可以被視為「自然哲學的窮究」。在文藝復興時期，所有對魔術感興趣的思想家都贊同這一觀點。

吉安巴蒂斯塔・德拉・波爾塔（Giambattista della Porta, 1538-1615）高度肯定魔術的具體操作，並將其具象化為實際的施作，另一方面則對咒語類的操作方式提出了批評。觀察者必須充分認識到，儘管魔術的操作看似神奇，但從未超越自然的極限。魔術是人與世界互動的實踐性活動，例如火藥和印刷等發明，在其原理為世人所理解之前，曾一度被視為魔術。

被譽為英國經驗主義（British Empiricism）之祖法蘭西斯・培根（Francis Bacon, 1561-1626）的技術觀，也繼承了這些文藝復興的魔術理論。他認為魔術是一門將隱藏的形相知識應用於驚人操作的學問，並透過結合能動的事物與被動的事物，揭示自然的驚人力量。從魔術的傳統中，他發展出一種新的觀念，即人類作為自然的奴僕，來協助執行這些操作，並巧妙而隱祕地使自然服從於人類的控制。此外，他也因此獲得了「知識就是力量」的理念。

CHAPTER

seven

第七章

「後笛卡兒」的科學論與方法論

池田真治

ポスト・デカルトの科学論と方法論

一、巴洛克方法的時代

前言

從藝術與建築的角度來看，十七至十八世紀的歐洲被稱為巴洛克時期。在歷史學上，這段時期被定位為「近世」或「初期近代」。在哲學方面，我們經常將文藝復興後發生科學革命和宗教革命的十六世紀，與啟蒙主義興起及康德出現的十八世紀下半葉視為同一個時期，法國稱之為「古典時代」（l'âge classique）。這是因為，從笛卡兒到康德等哲學家的經典著作正是在這個時期問世。這個時代同時也暴露了過去傳統哲學的局限性。新的哲學取代了經院哲學，並與新興的科學相結合，試圖從人類理性的視角深入理解整個宇宙，包括精神與自然。因此，這是所謂近代哲學的黎明期，人們認為「自我」以及「主體」的問題是我們理解世界或客體的根源。

當時，現代所稱的「科學」一詞尚未出現。利用實驗、觀察和數學方法研究自然的學問，稱為「自然學」（physica）[1]或「自然哲學」，通常與「哲學」同義。直到十九世紀下半葉，從

1 譯註：physica 一詞源自古希臘，意指「自然」，後引伸為自然世界的一切真理。物理學的英文 physics，就是由這個詞演變而來。

拉丁語「scientia」演變而來的英文「science」才具有了「科學」的意義。事實上，十七世紀的科學家們也自稱為「哲學家」。因此，本章所提到的「科學理論」，廣義上是指學問理論甚至知識理論，狹義上則指個別的自然哲學或自然觀。

本章主要討論的是古典時代的「科學理論」與「方法論」，因此將聚焦於「後笛卡兒時代」（post-Descartes era）的代表人物霍布斯（Thomas Hobbes, 1588-1679）、史賓諾莎、萊布尼茲三人的數學方法論與機械論自然觀。所謂「機械論」（mechanism），是指將物理現象還原成物體的形狀、大小、運動，並利用數學方法加以說明的學問。他們三人都深受笛卡兒的數學方法影響，採用數學作為他們的方法論，並視其為能獲得確切知識的模型。關於自然觀，他們三人都脫離了傳統經院學的自然哲學，直接或間接地繼承了笛卡兒的機械論自然觀，將「欲力」（conatus，也譯為「奮力」或「自然傾向」）的力學概念納入自己的哲學系統中，並視其為根本原理。然而，三人的哲學系統皆明確地表現出各自不同的立場。為了了解他們的思想脈絡，本章將會先探討經院學術方法論的局限性，以及笛卡兒以後的新哲學方法論之樣貌，以凸顯前述的問題。接下來將分別討論霍布斯、史賓諾莎、萊布尼茲的方法論與自然觀。

經院哲學的局限與新方法的萌芽

霍布斯、史賓諾莎、萊布尼茲之所以提出「新」方法和學問，部分原因在於他們認識到以往經院哲學的方法和學說存在局限性。如果參考當時學校所使用的教科書《孔布拉註釋》，便會發現其中充斥著亞里斯多德的文本及其註釋。然而，在十七世紀，已經出現了多種「新方法」的萌芽，而在義大利文藝復興期間發展的新代數學也已廣為人知。例如，年輕的笛卡兒被認為曾在拉弗萊什學院學習克里斯托佛·克拉維斯（Christopher Clavius, 1538-1612）的《代數學》（1608）。此外，在放棄經院方法後，他在荷蘭與以撒·貝克曼（Isaac Beeckman, 1588-1637）共同研究數學和自然學，並在一次德國之旅中學習了當地最新的數學。接受這些新知識的年輕哲學家們，對於以往以思辨為主且缺乏實驗驗證的實在性以及數學論證的嚴謹性的經院哲學教育產生批判態度，並不令人意外。他們認為，學術知識不僅僅是思辨，而是需要基於經驗和數學的確定性。笛卡兒和史賓諾莎都認識到，逍遙學派的哲學，即亞里斯多德—經院哲學，並未建立在確實的論證基礎上。

另外，法蘭西斯·培根曾在《新工具論》（*Novum Organum*, 1620）中批評亞里斯多德的自然哲學是一門理論繁多但實際無用的學問。培根也批判過去只透過少量實驗與觀察就做出結論的傳統化學，他提倡以「歸納法」為基礎，強調「感官經驗能力與理性能力的結合，才是永恆不變的」，並認為這才是真正的哲學。實際上，新興的實驗方法和數學論證確實能解決傳統邏輯學中的三段論法（syllogism）無法處理的問題。例如，經驗性的歸納法、原理或假說的形成及其數學驗證，以及涉及代數方程的解析或發現方法。隨著新科學的興起，經院式學問方法的局限性開始逐漸顯露出來。

巴洛克是「方法的時代」嗎？

十七世紀經常被稱為「方法的時代」。確實，巴洛克時期出現了接受新方法的新興學問，但一如「科學革命」、「數學革命」這樣的概括存在風險。為新方法的萌芽早在巴洛克之前就已經出現。中世紀阿拉伯數學的引入、文藝復興時期希臘數學與科學方法的復興、古代懷疑論的興起，以及耶穌會內部關於數學在學術中定位的確定性爭論，如果這些都沒有發生，數學恐怕不會在笛卡兒之後成為學問的核心方法。

雖然在中世紀和文藝復興時期便已經形成，但巴洛克時期確實是一個極度重視方法的時代。特別是在十七世紀，傳統的經院學受到某些特殊解法或實驗的局限，出現了瓶頸，因此這個時代的人們開始探索更具普遍性且更能廣泛應用的新「方法」。例如，關於自然哲學至少有兩套方法。一種是從鍊金術和魔術發展而來的實驗哲學（experimental philosophy），這種方法主要依賴培根的經驗歸納法以及羅伯特・波以耳（Robert Boyle, 1627-1691）等人的實驗和觀察。另一種是數學自然學，這是在傳統幾何學和算術等純粹數學技法的基礎上，結合代數、解析等新數學方法，將其應用於運動理論等自然現象，展開機械論式的探究（例如伽利略和笛卡兒的工作）。此外，還有牛頓的無窮小演算方法、萊布尼茲的普遍符號（characteristica universalis）[2]等，與「新方法」相關的著作層出不窮。從這個意義上來看，十七世紀作為以新興學問方法取代舊有學問方法的時代，稱之為「新方法的時代」並不為過。

當時人們走入這個「巴洛克式」方法的時代，源於這樣的信條：「如果每個人都擁有理性，並能正確引導自己的理性，那麼人就能正確認識自然。」反過來說，若缺乏方法，便不應該試圖探究真理（如笛卡兒在《精神指導的規則》第四條所述）。正因為缺乏正確的方法，人類才會偏離正道（霍布斯在《論物體》第一章第一節中提到）。因此，哲學家們在建立各自的學問之前，將方法視為「破解迷宮的絲線」（Ariadne's thread）[3]，各自透過自己的方法構建出系統性的哲學。培根和笛卡兒之後的哲學家們認為，獲得真實認知的關鍵在於擁有正確引導精神的方法，因此他們對方法極為重視。而十七世紀的顯著特徵，正是哲學家們探究一種能為各種學問建立

2 譯註：「普遍符號」是萊布尼茲提出的一個理想符號系統，旨在以數學和邏輯形式表達所有思想和概念，其核心思想包括統一性、明確性和計算性：普遍符號應涵蓋所有科學和哲學知識，確保符號意義清晰且準確，並具備計算和推理的能力，類似於數學運算。萊布尼茲希望這個系統能夠精確無歧義地傳達人類知識，促進不同思想間的交流與推理。

3 譯註：「破解迷宮的絲線」源自希臘神話，講述公主阿里阿德涅（Ariadne）為英雄忒修斯（Theseus）提供絲線，幫助他在米諾斯的迷宮中找到出路並擊敗米諾陶洛斯。這一概念象徵指導與援助，代表智慧與策略，幫助人們克服挑戰。在哲學和文學中，它常用來象徵尋找真理的過程，並在現代語境中描述在困難情況中尋找明確方向的努力。

系統的全面性方法。

數學方法在某些哲學家的哲學系統中確實占據了主要地位。笛卡兒從他的「解析幾何」（analytic geometry）或「比例論」（theory of proportion）中提取了一些方法，並將其發展成更具普遍性的方法。與笛卡兒同時代的霍布斯以及下一代的史賓諾莎，都在他們的哲學中採用了幾何學方法，並賦予由幾何學推導出的各種原理和定義以重要地位。隨著時間的推移，下一代的萊布尼茲受到了他們的影響，試圖探索更具普遍性的方法。此時，以「公設」（axiom）[4]和「定義」為起點，透過嚴謹的論證導出命題，已成為探究知識的標準做法。接下來，我們將專注於他們在實驗哲學中對數學方法的重視原因，並探討霍布斯、史賓諾莎與萊布尼茲三人的方法論與自然觀。

二、霍布斯的方法與自然哲學

霍布斯的自然哲學並不如他的政治哲學那樣出名，但卻深深影響了同時代的哲學家，不僅如此，其政治哲學的原理構成也是來自他的自然哲學，因此我們有必要更加關注他的自然哲學。霍布斯與波以耳展開針對空氣泵浦（air-pump）的論戰，並對真空的存在抱持著懷疑的態度。霍布斯重視原理的探究與理性推論，批判波以耳和其他認為透過實驗方法就能獲得知識的實驗哲學家。他也與巴黎名為「梅森圈」（Mersenne Circle）[5]的團體有來往，他曾與馬蘭・梅森（Marin Mersenne, 1588-1648）本人、皮埃爾・伽桑狄（Pierre Gassendi, 1592-1655）、吉爾・佩爾森・德・羅伯瓦（Gilles Personne de Roberval, 1602-1675），以及來自英國的湯瑪斯・懷特（Thomas White, 1593-1676）、凱內爾姆・迪格比（Kenelm Digby, 1603-1665）等人，交換過關於自然哲學的想法。其中特別著名的是，他在梅森的引介下，針對《沉思錄》與笛卡兒展開了論戰。此外，霍布斯也曾在方法論和數學理論上，特別是關於運動理論和無限小的概念，與約翰・沃利斯（John Wallis, 1616-1703）有過爭論。

儘管霍布斯在倫敦的皇家學會（Royal Society）中有許多論敵，包括波以耳、沃利斯等人，其政治、和宗教立場也被認為是危險思想，因此他從未成為皇家學會的會員。雖然霍布斯的自然哲學沒有伽利略、笛卡兒和波以耳那樣的聲望，但卻直接影響到史賓諾莎和萊布尼茲哲學思想

4　譯註：公設（axiom）是指不需證明即可接受的基本原則，如歐幾里得幾何的公設之一：「兩點間可以連接且僅能連接一條直線。」笛卡兒以此為靈感構建哲學方法。他提出「我思故我在」作為哲學體系的核心公設，視其為不可懷疑的第一原理，並以此推導其他知識。笛卡兒認為哲學與科學應該如數學般具確定性，透過可靠的原則建立一致的知識體系。

5　譯註：梅森圈是十七世紀法國由馬蘭・梅森主持的一個學術交流圈，成員包括數學家、科學家和哲學家，是啟蒙運動初期的重要知識網絡。

的核心部分，因此在哲學史上占有重要地位。

霍布斯對伽利略的崇拜

霍布斯曾擔任過培根的秘書一段時間，但他並不崇尚培根的歸納主義（inductivism），反倒推崇伽利略（Galileo Galilei, 1564-1642）為有史以來第一個真正的自然學家。他在《哲學原理的第一部分：論物體》（*De Corpore*, 1655）中，高度讚賞了威廉．哈維（William Harvey, 1578-1657）和伽利略，他認為前者為人體奠定了新學說；後者則為人類開拓出研究運動本性的康莊大道，同時也是通往一般自然學的第一道門。除此之外，他年輕時發表過一篇概括性的自然學文章（*Critique du 'De mundo' de Thomas White*，生前未出版），該文章除了針對湯瑪斯．懷特的《關於宇宙的三個對話》（*De mundo dialogi tres*）提出批評，也稱讚伽利略是有史以來最偉大的哲學家。他甚至在某次義大利旅行時，拜訪過伽利略本人。

此外，霍布斯亦贊同伽利略的數學性「世界圖像」（weltbild）[6]，他們認為哲學是在一本名為「宇宙」之書中被講述的，而此書所使用的文字是數學語言，若沒有數學的幫助，我們將迷失在黑暗的迷宮中。而且，在伽利略的運動理論影響下，他認為所有現象都是源自於物體的運動。雖然霍布斯投入數學的時間較晚，四十歲才開始著手研究幾何學，但他深深著迷於歐幾里德的《幾何原本》中真確的綜合性論證方法。於是，他開始認為自然界中所有可觀察到的變化及感官經驗都是運動所產生的結果。在《論物體》中，他提到「那些質疑自然哲學的人，如果不能借用幾何學尋找問題的線索，那些質問便毫無意義」，明確地表達了幾何學至上主義的立場。在哲學方面，笛卡兒以旨在確立原理的分析方法為特徵，；而霍布斯則以從原理出發的綜合性方法為特徵，這正是受到《幾何原本》影響的結果。不過，關於《幾何原本》的內容，他也從自己唯物論（materialism）的觀點出發，對「點的定義」做出了嚴厲的批判。

然而，在原理和方法的觀點上，霍布斯也有不同於伽利略之處。「霍布斯的計畫可以看成是根據伽利略的科學『範疇』（category），在基礎上徹底改寫傳統亞里斯多德哲學。但值此同時，伽利略在運動的數學自然學上想要完成的計畫，跟霍布斯的計畫有著根本性的不同」（丹尼爾．嘉博〔Daniel Garber〕）。伽利略將自然哲學當成混合數學[7]鑽研，而霍布斯則是想依循亞里

6 譯註：根據某種特定的思想立場或一定的知識體系，客觀而知識性地理解世界時所得到的整體樣貌或理解方式。一說認為，世界觀（weltanschauung）是人類所有道德、宗教信仰、審美、態度、價值的總和，由認知、情感以及意志三者組合而成。而其中的認知就是所謂的「世界圖像」。

7 譯註：十八世紀，法國身兼哲學家、數學家、物理學家的讓．勒朗．達朗貝爾（Jean le Rond d'Alembert）將數學區分為純粹數學（幾何、算術、代數、微積分）和混合數學（力學、幾何天文學、光學、猜度術）。當時，數學一般被歸類在自然科學的領域中，與人類科學的邏輯學界線分明。

斯多德式的思維，闡明自然哲學的真相。換言之，他想要用一種能被「第一因」（first cause）[8]完全佐證的方式來說明世界的現象。然而，霍布斯認為終極原因並不在於經院哲學的「材料」（質料）、「形式」或不存在事物，而是在於運動中的物體本身。

霍布斯的哲學與方法

霍布斯的計畫始於他對「哲學」的定義。在《利維坦》（*Leviathan*, 1651）中，他將哲學描述為「科學，即關於各種結果的知識」。而他更為嚴謹的定義則出現在他的著作《論物體》：

> 所謂哲學，是對各種結果乃至現象的認知，透過對其已知原因或發生方式的正確推論而獲得；反之，哲學也是對可能發生方式的認知，透過對各種已知的結果的正確的推論而獲得。
>
> （《論物體》第一章第二節）

根據這一哲學定義，可以推導出哲學的研究方法。也就是說，哲學的研究方法是「根據已知的原因，對各種結果展開簡便的探究；或是基於已知的結果，對各種原因展開簡便的探究」。知識是我們對於原因的認識。對原因的認識是透過推論形成的。推論是來自合成與分割（分解）。（《論物體》第六章）推論也可以解釋成是四則運算的計算。事實上，對霍布斯而言，運動理論是針對物體所占據的空間和時間的部分—全體關係進行推理計算的學問。因此，哲學的一個基本條件是透過正確的推論從原因獲得對結果的認識。由此可見，感覺、想像和記憶等其他認識並不構成哲學，預知未來同樣也不屬於哲學的範疇。霍布斯試圖基於理性而非情感，從原理的基礎上確立自然法則中的真理。〔《法的原理》（*The Elements of Law, Natural and Political,* 1640）〕再者，霍布斯認為「所有人都生來具備相同的推理能力，若他們具備良好的原理，就能推理得當」，因此，理性推論是每個人與生俱來的能力。（《利維坦》第五章）

對霍布斯而言，哲學的主題是物體，因此不以物體為主題的神學便被排除在哲學之外。他認為，「哲學不包括關於天使的學說，以及關於所有不被視為物體或物體狀態的事物的學說」（《論物體》第一章第八節）。此外，哲學也不包括歷史。儘管歷史對於哲學而言非常有用，但它屬於經驗和權威，而非推論。霍布斯的哲學唯一對象是物體，而唯一的方法則是推論，即計算。因此，經驗、權威和信仰所帶來的認知不在哲學的範疇內。

霍布斯的方法和系統的本質是「定義學」（definition theory）。根據霍布斯的描述，從發現的原理到形成的知識，必須經歷以下步驟。首先是對普遍性及其原因的認知，接著是對這些定義

8 譯註：第一因被認為是整個因果鏈的最初原因，又稱終極導因。一件事物的產生，是另一些事物的結果，將因果層層向上回推到萬物最初的那一個原因，即為第一因。

的理解，然後再到普遍性事物的出現或描述。哲哲學始於定義，並且必須從最接近普遍性定義的問題展開論證。這部分被稱為「第一哲學」，可以透過幾何學中的簡單運動提出論證。因此，關於運動的一般性真理被視為與幾何學的定理相等，並且可以直接從定義中推導出來。實際上，霍布斯在他的自然哲學計畫中，以空間、時間、物體和運動的定義作為起點。

霍布斯的反笛卡兒主義

霍布斯一方面崇拜伽利略，另一方面也是不折不扣的反笛卡兒主義（anti-Cartesianism）者。但諷刺的是，他的自然哲學脫離了伽利略的計畫，反而更靠近笛卡兒的計畫。

笛卡兒的《哲學原理》和霍布斯的《論物體》有著驚人的相似之處。相對於伽利略，笛卡兒和霍布斯都遵循亞里斯多德的方法，從「原理」亦即「終極導因」（ultimate cause）[9]的觀點說明自然。換言之，雖然他們以機械論式取代了原因論，但始終採用亞里斯多德式的學問理論形式，以終極導因為基礎解釋自然。再者，對霍布斯和笛卡兒而言，物理世界中只有物體及物體的運動，他們是從「擴延」（extention）[10]的觀點來理解物體的。兩人都採用了「將自然現象分解成物體的大小、形狀、運動」的機械論哲學。他們為計畫所展開的第一步都是對物理世界的組成要素做出一般性的定義（物體和空間的定義、真空的否定、運動的定義、運動法則等）。建構完一般性定義與命題後，也以同樣的方式對特殊現象展開說明。

不過，兩人在許多方面確實存在意見上的分歧。霍布斯批判笛卡兒對於上帝和創世的看法，認為這屬於神學思想，已超越了哲學的界限。在笛卡兒的自然哲學體系中，「永恆真理」（everlasting truth），包括運動法則和數學真理，源自於神的創造。此外，物理世界的持續存在（包括運動）也是基於神的持續創造。在建立數學自然學的基礎上，神扮演了決定性的角色。儘管霍布斯不否認上帝是超越世界的第一因，但在他的物理世界中，上帝並未直接參與，因此神學明確地存在於哲學之外。

此外，笛卡兒是「心物二元論」（mind-body dualism）的支持者，而霍布斯則是古典時期主要的唯物論與唯名論者。霍布斯認為，所有變化皆為物理運動的結果，內在的精神變化也不例外。換言之，心理現象僅是物質變化的表現。儘管霍布斯並不認為思考和情感本身是物質的，但他認為它們是物體在心靈中的「表象」（vorstellung）[11]，而其原因必定是物質性的。在對笛卡兒《沉思錄》的第三反駁中，霍布斯將「所思的事物」限定為物體。他認為，對「我思」

9　譯註：請參照本章譯註8。

10　譯註：在笛卡兒的心物二元論中，心靈和物體是屬於平行存在的關係；其中，物體具有長、寬、高等空間上的延展，這種延展就稱為「擴延」，是物體的本質。

11　譯註：透過各種感覺的複合作用，使外界對象在心靈中呈現出形象。這些形象包括產生於心靈中的知覺內容、記憶影像等。

（Cogito）這個命題的認識無法將思想（行動）與所思的實質分開，所思的事物所思的事物並不是非物質性的。當然，笛卡兒不認同所思的事物是物質性的，也不認為思想的本質只能從物體的角度來理解。對於笛卡兒而言，所思的事物是「精神」，並且思想不可脫離其所思之物。

對霍布斯而言，精神活動也是一種運動。思考和意圖等精神活動可以被視為運動在人體內部的微小開端。此外，人類以具體的身體形態存在於各種物體之間，並在物理上與它們互動。從意志與身體的關係中，我們可以進一步理解意志的本質。身體與其他物體一樣，在沒有外來阻礙的情況下是自由的。身體運動的微小開端是「欲力」以及「想像」。霍布斯指出，所謂的欲力是指在極小的空間和時間中進行的運動，這種空間和時間小到無法明確指定或量化；換句話說，「它是在一個點上的瞬間運動」（《論物體》第十五章第二節）。這意味著，欲力是身體內的極微小運動，為肉眼可見的意志行為如走路和說話構成了開端（《利維坦》第六章）。另一方面，想像則是在欲力之後，以身體內部「推理計算」的形式出現。此外，霍布斯認為，意志行為的發生是必然的。因此，並不存在「自由意志」，自由只會在行為尚未結束的過程中出現，唯有在此情況下，選擇的自由才有可能存在。

霍布斯從伽利略的思想中繼承了以物體運動為基礎的數學化世界觀，並從笛卡兒的思想中吸收了以原理為基礎的哲學系統，最終構築一套將運動要素歸結為「欲力」的唯物論自然觀。

三、史賓諾莎的方法與自然哲學

史賓諾莎的科學探究

一六六二年，在給奧爾登伯格的書信中提到：「我並沒有把神與自然分開來思考。」儘管如此，他的研究方法和自然哲學並不依賴於神學。相反地，自然的探究正是獲得對神本性直觀認識的唯一手段。史賓諾莎持有這樣的自然觀：所有事物都遵循自然法則（即神）。在這裡，人為與自然之間並不存在實質上的區別。（《倫理學》第三部序言）如果有區別，那僅僅是思考上的區別。

對史賓諾莎而言，人類試圖透過學問達到的本質和「至善」（supreme good），是「精神與自然合而為一的知識」，亦即「精神對自然完美再現」。〔《智性改進論》（*Tractatus De Intellectus Emendatione*）〕他認為，幸福就是努力獲得這樣的認知，這與「了解上帝、愛上帝」的意義相同。使我們達到完美的最高認知形式是「純粹從一件事物的本質來認識該事物，或是純粹從對其最近原因的認識來獲得對它的認知」。這與他在《倫理學》中提到的「直覺知識」（scientia intuitiva）相當。精神與神（即自然）的合一作為終極目標，要求比笛卡兒的心物二元論更徹底地貫徹機械論的自然觀。實際上，在史賓諾莎的思想中，掌管精神的思維和掌管物質的延續，究竟只是同一實體——神的無限屬性中的兩種屬性。因此，史賓諾莎本質上是一位一元論者。

史賓諾莎著名的論點「神即自然」僅在《倫理學》第四部中出現過一次。在他看來，「自然」是創造自然世界的力量。換言之，對史賓諾莎而言，自然是唯一的世界，每個角落都受到相同法則的支配。因此，世界裡不存在任何不遵循自然法則的事物。他明確表示，自己的世界觀是「一切萬物都由自然的普遍法則所決定」。這一觀點也在成書於《倫理學》之前的《笛卡兒的哲學原理》（*Principia philosophiae cartesianae*, 1663）和《神學政治論》（*Tractatus Theologico-Politicus*, 1670）中提及。

儘管史賓諾莎的神與猶太教、基督教及伊斯蘭教所信仰的唯一神相似，但他並不承認自然中存在奇蹟。所謂奇蹟，是指神改變自然法則的現象。然而，對史賓諾莎而言，自然法則就是神的法則，因此神施展奇蹟是自相矛盾的（《神學政治論》第六章第三節）。史賓諾莎的神不需要奇蹟來顯示其力量，因為神的力量早已體現在構成自然世界的法則上。在詮釋世界與人類時，史賓諾莎的哲學完全不依賴「人格神」（personal god），並認為機械論的世界觀與機械論的人類觀之間存在著巨大的相容性。

史賓諾莎的哲學思想認為，自然的科學性是引導人類認識真理的道路，而這條正道將為人類帶來福祉。這一哲學思想具有徹底改變我們對世界認知的活力。其影響不僅限於後來的法國唯物論和德國唯心主義等哲學領域，還擴展到政治、社會思想、宗教思想，乃至現代科學等各個層面。

史賓諾莎的科學探究涵蓋了光學、運動理論和科學方法論，但他並未提出一個明確的科學理論來概括他的研究。在他的主要著作《倫理學》中雖談到「幾何法」（geometric method）的應用，但史賓諾莎並不是一名數學家。除了他在光學透鏡研究方面享有盛譽外，無論在數學史還是自然科學上，他的貢獻都不算突出。然而，史賓諾莎對最新學問的發展非常關注，經常透過書信或會面與當代一流的數學家和自然科學家交流。例如，他曾與皇家學會的秘書亨利・奧爾登伯格（Henry Oldenburg）以及奧爾登伯格所引介的波以耳等人展開交流，獲取最新的自然哲學資訊。從他們的書信往來可以看出，史賓諾莎對當時的自然哲學有著相當深入的了解。此外，他也曾就光學透鏡的問題與萊布尼茲有過信件交流。不過，直到史賓諾莎的晚年（一六七六年），他們才終於有機會相聚。

《智性改進論》中的真實方法的探究

史賓諾莎明確地區分了「方法」與「哲學」。他認為，哲學是探究原因、原理、真理及其本質的觀念，而方法則是指導我們如何按照正確的順序來追求這些原理和真理的過程。

那麼，對於史賓諾莎而言，理解原因和真理的方法是什麼呢？他在早期未完成的著作《智性改進論》中指出，「真實的方法」僅存在於「純粹知性（intellectus）及其本性以及對各種法則的認識之中」（方法的理論面）。為了獲得這樣的認識，他認為有必要區分「智力」與「表象力」（vorstellungskraft）[12]，並且要分辨真實的觀念和其他觀念（如虛構、謊言、記憶）。〔給胡德（Johannes Hudde）的書信，一六六六年〕語言和符號作為表象的一部分，可能成為虛構和錯誤的根源。如果缺乏對事物本性的認知，真實的認知將無法實現。因此，史賓諾莎強調對認知的分類與秩序，希望透過純粹智性帶來的「清晰而明瞭」（clearly and distinctly）的觀念來實現真實的認知，這在《倫理學》中被稱為妥當（完善）的觀念。因此，實踐真實的方法需要「不懈怠的思考、堅定的精神和不動搖的決心」，而要具備這些條件，則必須有一定的生活規律與目標。

在《智性改進論》中，史賓諾莎將方法視為一種反思。他認為，方法是「我們透過正確的認識來理解事物的途徑」。這條途徑是「根據某種既定的真實觀念的標準，借助精確的法則，不斷探索」。史賓諾莎指出，「當我們擁有至高完善者的觀念時，這種方法便是最完善的」。因此，對於完善者的認知，便成為了他所追求的終極目的。

然而，方法並不僅僅是推論的行為或對事物原因的理解，這是哲學的工作。方法在於控制自己的精神，使其能夠透過其他知覺來辨識和理解真實觀念，並遵循相應的規範，理解所需的事物，同時賦予其必要的規則。換言之，「方法不過是反思性的認知或觀念」。史賓諾莎否定了觀念的「無限倒退」（infinite regress），他認為「先天觀念」（idea innata）是概念形成的起點，並主張人應該透過智性與生俱來的能力以及工具，獲得更深入探究真理的能力。能夠依據既定的真實觀念，揭示如何引導精神的方法，即是正確的方法。因此，「最完善的方法，就是能說明如何根據至高完善者既定的觀念規範來引導精神的方法」。

史賓諾莎認為，對自然的理解越深刻，對精神的理解便會越深入，反之亦然。當精神對至高完善者的認知，即對神的認知展開反思時，精神就會達到最完善的狀態。這正是史賓諾莎所倡導的方法。

史賓諾莎的幾何法

史賓諾莎對自然哲學的討論主要集中在《笛卡兒的哲學原理》和《倫理學》的部分章節中。前者的內容依據歐幾里德的論證方法，按照幾何秩序對笛卡兒的《哲學原理》（第一部與第二部的全部內容，以及第三部的部分內容）予以重新編排並附上註釋。笛卡兒的《沉思錄》則是他對自身哲學的分析論證，而《哲學原理》則旨在闡明《沉思錄》中的各種原理，以綜合性的順序重新書寫，讓讀者明白論證的根據。因此，《哲學原理》的編排方式採用了經院學的風格，首先提出各種命題，然後再提出說明或論證。然而，這樣的安排無法形成從公設和定義出發的幾何性論證。史賓諾莎則試圖為笛卡兒的《哲學原理》賦予幾何秩序的形式。

12　譯註：心靈對外界對象呈現出形象的能力，不同於智力，它是直覺性的。

從某種意義上來說，《倫理學》採用幾何學式的敘述方法是必然的結果。正如在《智性改進論》中所示，史賓諾莎必須從神推演到個體事物，這與他的方法論、知識論和定義論密切相關。在《倫理學》第三部的序言中，史賓諾莎提到他將以幾何學的方法討論情緒，並將人類的行為和衝動視為線、面及立體的研究對象。他指出使用幾何學方法的理由：在自然界中，並不會因為自然的過失而產生任何事物，因為自然始終保持一致，驅動萬物生成與變化的自然法則是相同的。因此，認識萬物本性的方式也必須是相同的，應基於自然的普遍法則。他認為，憎恨、憤怒等情緒同樣是自然必然性和力量的產物。史賓諾莎不僅探討了神與人類精神的形上學和自然哲學，還嘗試將倫理學幾何學化。傳統上，倫理學被視為人類意志和行為影響的偶然領域，而史賓諾莎則試圖以必然推理的幾何方法來研究倫理學。在這一點上，他已經脫離了亞里斯多德－經院哲學的傳統。

笛卡兒與霍布斯對史賓諾莎的影響

史賓諾莎的自然哲學屬於某種笛卡兒學派的機械論，但他並非毫無批判地全盤接受笛卡兒的觀點。笛卡兒用「超越性」（transcendence）的神來推論自然哲學，尤其是在運動法則的推導上；而霍布斯則將「超越性」的神排除在自然哲學之外。至於史賓諾莎，則是在所有層面上都排除了超越性的神。在史賓諾莎的思想中，神即是自然本身，是一種「內蘊性」（immanence）

的神。

霍布斯對史賓諾莎的影響，尤其體現在他對自然法則的處理上。與霍布斯類似，史賓諾莎認為自然法則是源於物質與運動的真正本性而得出的結果，並且與幾何學上的真理具有同等地位。因此，對於史賓諾莎和採用幾何法的霍布斯而言，定義都是至關重要的。然而，在自然法則方面，霍布斯提出了一個名為「充足理由律」（the law of sufficient reason）的原理來支持他的定義，而史賓諾莎則並未這樣做，因為他認為，真正完善的定義應該能夠闡明事物的內在本質，並且「透過事物自身即可能得知」（《智性改進論》）。

此外，史賓諾莎高度讚揚了培根等人的實驗哲學，認為它使關於自然的知識獨立於聖經，並將自然哲學與神學分離（《智性改進論》）。然而，史賓諾莎在一封給奧爾登伯格的信中探討了波以耳的自然哲學，並指出他們的實驗哲學方法並不是數學證明，因此缺乏絕對的說服力。此外，他也不清楚他們為何要透過實驗方法來得出結論。這一論點與霍布斯對實驗哲學的批判有相似之處。史賓諾莎稱讚實驗方法能帶來對新現象的認識，但他也認為它無法闡明事物的本質，因為感官知識屬於一種想像力，而關於本質和原因的知識則屬於智性。另一方面，史賓諾莎認為笛卡兒才是根據理性論證闡明事物本性的哲學家，並繼承了他的理性方法。

我們可以看出，史賓諾莎的方法和自然哲學一方面深受笛卡兒和霍布斯的影響，另一方面又展現出與兩者截然不同的獨特思想。

四、萊布尼茲的方法與自然哲學

萊布尼茲的科學方法論

萊布尼茲批判性地繼承了傳統方法與新興方法，並融入自己發明的微積分等技術，藉此追求一種普遍的方法。他所採用的科學理論模型十分多元，涵蓋結合法、代數學等。他既尊重傳統的方法，如「分析」（analysis）、「綜論」（synthesis）、三段論法和經院式的邏輯學，同時也對這些方法提出修正與改進。

萊布尼茲與霍布斯、史賓諾莎一樣，將數學視為思考學術方法論的一種模型。這種模型透過演繹推理，藉由較少的簡單假設，推導出更多複雜的命題。萊布尼茲的思想延續了西方哲學的傳統，將數學作為探究自然知識的範本。最終，他將這一理念命名為「普遍學」（mathesis universalis），這也成為他方法論的象徵，而這正是笛卡兒曾試圖實現的目標。然而，笛卡兒與萊布尼茲的數學模型在內容和本質上皆有所不同。

笛卡兒在《幾何學》（*La Géométrie*）中，透過代數結合算術與幾何學，創立了「解析幾何」。然而，他的內容局限於古希臘數學的範疇，排除了無窮的概念。另一方面，萊布尼茲則是藉由無窮級數、無窮小演算，確立了包含無窮的解析幾何。笛卡兒認為「邏輯學」和「三段論法」對於發現真理毫無幫助，因此將其排除在自己的方法之外。反之，萊布尼茲的構想則是以「形式邏輯」（formal logic）為基礎，並視「普遍學」為從屬於「結合法」（Combination method）和「符號法」（Symbolic notation）的理論。不僅如此，笛卡兒學派的學問理論因為過於重視絕對的確定性，而輕視了蓋然性；但萊布尼茲認為蓋然性的知識也有其用處，因此他在機率論、蓋然性的理論上，做出了先驅性的研究。蓋然性是指「大約確實為真」的程度。他指出，在經驗科學中，應該滿足於與經驗一致的實踐確實性，並肯定後驗方法（a posteriori）。

萊布尼茲批評笛卡兒在《談談方法》第二部分中提出的四條規則。其中尤為重要的是對「明證性」（evidenz）的否定。對萊布尼茲來說，人類能夠追求的確定性並非來自直觀的「明證性」，而是在於邏輯學的「形式性」，即從定義與公理推導出命題的過程，透過機械性的演算法來保存並論證真理。笛卡兒的「清晰明瞭」準則是主觀且心理上的模糊判斷，並非邏輯的真理標準。即使笛卡兒所提出的第一原理「我思」，即從認識推導存在，萊布尼茲也僅將其視為經驗性和心理性的原理，而非必然或邏輯的真理。萊布尼茲的立場是傳統的「從存在推導認識」、亦即個別實體的唯實論，因此他未採納笛卡兒的懷疑方法（Cartesian doubt）。萊布尼茲支持笛卡兒學派所批評的傳統邏輯學，並試圖以邏輯的「形式性」作為真理標準，將數學建立在邏輯的基礎上。笛卡兒所謂的「明證性」指的是透過純粹且單一的思維活動，直接在自身中感知真實的觀念。然而，萊布尼茲認為笛卡兒對真實觀念的直接認識要求過高，超出了人類的理解範圍。我們只能透過精神來表達某些觀念，而這些觀念在形式上存在於神的精神中（in mente Dei），只有神才能直接掌握這些觀念。因此，萊布尼茲將確定性與明證性分離，並在邏輯的形式性中尋求確定性。

此外，萊布尼茲還批評了笛卡兒的分析、綜合和列舉規則[13]。當分析過於冗長時，我們無法直觀地把握整個論證。雖然我們需要能夠揭示事物本質的實在性定義，但我們的思維往往依賴於暫定、假設與符號性的名目定義。要實現真正的綜合，必須首先對作為起點的簡單要素展開分析。唯有依靠符號法與結合法來輔助記憶，才能做到完整的列舉。儘管笛卡兒強調新知識的發現，萊布尼茲認為在此之前，發現的方法更為關鍵。形式化的符號法與結合法能使人類完成分析、綜合與列舉，這是實現真正發現所必需的技法。

笛卡兒將清晰而明瞭的直覺視為真理準則，史賓諾莎則進一步將明瞭的認知區分成「完善的（根據直覺的）認知」與「不完善的（根據表象與理性的）認知」。萊布尼茲將完善的認知再分成「直覺性的認知」與「符號性的認知」，並且將前者稱為「完全的認知」，後者稱為「由盲目性思考產生的認知」。針對霍布斯在與沃利斯論戰中對「符號代數」（symbolic algebra）的批評，萊布尼茲認為「盲目認知足以做出明瞭的推論」。此外，史賓諾莎將符號表徵視為錯誤的認知方式不同，但萊布尼茲則積極肯定了符號思維，認為它能開啟數學式的抽象世界，並指出唯有在某種程度上放棄對自然本性的認識，才能促進自然學的發展。

萊布尼茲認為，人類的天生認知並非依賴直覺，而是依賴符號的認知。人類隨時隨地都使用著符號思維，不僅是代數學、算術而已。因此，所有學問都只是符號法的一個分支。符號法透過符號來代替事物，能使人們從想像力和記憶力的負擔中解放，從而使推理變得更加容易。如果我們能夠構建一種符號法，按照自然現象的秩序來排列詞語，那麼我們就能從符號之間的關係秩序中推導出實在性。「盲目性認知」（cognitio caeca）是萊布尼茲普遍計畫的一部分，即便在僅具符號性認識的情況下，我們仍能獲得明確的認識，並擴展知識。因此，萊布尼茲構思了一種將分析代數化的「普遍符號法」。他將論證視為定義的連鎖，將分析視為對定義物的分解，並將證明視為還原至「同一命題」（proposition of identity），以此推動推理的代數化。當所有推理都變成代數計算時，我們只需說：「來計算吧！」

笛卡兒將「比例論」（theory of proportion）、「代數方程」視為學問的模型，但萊布尼茲則是視「結合法」為各種學問的基礎。結合法是一門透過符號代表事物和概念，並數學化地探究這些符號的配置和關係秩序的學問。這是一種透過符號化將關係抽象化的「抽象關係的一般理論」〔路易．庫秋拉（Louis Couturat）〕，也是一門以普遍方式處理事物形式的符號學科。

13 譯註：笛卡兒在《談談方法》第二部分中提出的四條規則，依序就是明證、分析、綜論和列舉。

萊布尼茲使用結合法構思出「位相分析」（Analysis Situs），讓只能處理方程式的「數量關係」（quantitative relations）的笛卡兒的解析幾何，擴展成一個能夠處理相似等「性質關係」（qualitative relation）的方法。結合法是數學中涉及排列計算的組合理論，可以應用在機率論，以及三段論法的命題組合上。不僅如此，他還發展出了「人類思考字母表」的構想，也就是如同「質數」形成了所有的自然數般，用符號數字來替代「質項」（原始概念），利用數字來表現命題。換言之，結合法基於「所有概念都是由簡單基本概念的組合構成」的想法，透過羅列這些概念的組合，進而發現新的概念。

萊布尼茲的普遍學

十七世紀下半葉，關於普遍學的資訊層出不窮，萊布尼茲的普遍學也因此呈現出多重含義。萊布尼茲的普遍學既受笛卡兒主義傳統的影響，也繼承了他年輕時在德國學習到的反笛卡兒主義思想。從笛卡兒主義的普遍學傳統中，萊布尼茲承襲了將代數視為探索真理的工具，並將其視為普遍方法的一部分。在這個陣營中，包括為沃利斯和笛卡兒《幾何學》撰寫詳盡註解的弗蘭斯・范斯霍滕（Frans van Schooten, 1615-1660）、奧拉多利修會神父暨笛卡兒學派的尼古拉・馬勒伯朗士（Nicolas Malebranche, 1638-1715）及其學生尚・普雷斯特（Jean Prestet, 1648-1690），以及崇拜笛卡兒、將代數視為普遍學的埃倫弗里德・瓦爾特・馮・切恩豪斯（Ehrenfried Walther von

Tschirnhaus, 1651-1708），雖然他低估了萊布尼茲的結合法和「無窮小分析」（infinitesimal analysis）。另一方面，在反笛卡兒主義傳統中，萊布尼茲從老師埃哈德・韋格爾（Erhard Weigel, 1625-1699）及其學生約翰・克里斯托夫・斯圖姆（Johann Christoph Sturm, 1635-1703）那裡，學習到一種將普遍學視為估算事物的方法。此外，專注於利用概念分析來探究新邏輯的約阿希姆・容吉烏斯（Joachim Jungius, 1587-1657）也對萊布尼茲產生了影響。容吉烏斯稱普遍學為「原始數學」，並認為這種原始數學的命題不依賴想像力、記憶或圖形。

此外，萊布尼茲的普遍學隨著不同時期和文本的變化，其定義也有所不同。在巴黎時期之前，他的普遍學概念源自符號代數和韋格爾的普遍學思想。早期，他以代數學為模型，發展出普遍符號法；到了中期（一六七九至一六八六年），他認識到符號功能的重要性，並將普遍學擴展為一門涉及形式與數式研究的結合法。萊布尼茲認為，普遍學是一門從屬於結合法、支持運用「符號」（symbol）和想像力的學問，既探討數量，也涉及質量與形式的「抽象關係的一般學問」，即「想像力的邏輯學」，而且從屬於結合法。有時，萊布尼茲會像笛卡兒學派那樣，將普遍學狹義地定義為「關於數量的普遍學」；而有時則廣義地將其定義為包含位相分析的「關於數量與質量的普遍學」。在一六九〇年代，萊布尼茲專注於「動力學」（Dynamics）的發展與微積分研究，並將普遍學構想為一門估算「力」的無窮學。然而，到了十八世紀，普遍學又回到僅限於數量的狹義定義，萊布尼茲開始致力於解釋數學的基礎概念與操作。最終，萊布尼茲的普遍學成為一個未完成的計畫。直到十九世紀，這一理念才由伯恩哈德・波爾查諾（Bernhard Bolzano）和埃德蒙德・胡塞爾（Edmund Husserl）等人加以復興。

萊布尼茲的自然哲學

萊布尼茲年輕時放棄了經院哲學，轉而採用機械論哲學。他對這一新興哲學的興趣，源自唯名論的觀點，即用較少的前提來解釋更多的現象。因此，早期的萊布尼茲接受了機械論，但他的獨創思想也在此時開始萌芽。機械論在解釋物體現象時，並不訴諸神、形式（from）和性質，試圖將所有現象從物體的大小、形狀和運動等物質本性中推導出來。然而，有些現象僅憑物質本性無法解釋，例如物體的「剛性」（stiffness）、內聚力的原因，或為何物體具有特定的大小和形狀。因此，萊布尼茲主張，為了解釋物體的現象，還需要依賴形式和神等非物質的原理。在一六七一年，萊布尼茲的自然學研究成果發表為《抽象運動理論》（*Theoria motus abstracti*）和《新物理學假說》（*Hypothesis physica nova*）。在這兩本著作中，萊布尼茲採用了從定義推導命題的幾何學方法。在《抽象運動理論》中，他闡述了基本的運動法則，而在《新物理學假說》中，他描繪了基於這些運動法則推導出的現象，並構建了一個假想的世界。

《抽象運動的理論》一書的構想及其以原理為基礎的方法，顯然受到霍布斯理論的啟發。正如實驗和經驗必須從幾何推論中排除，萊布尼茲認為，探討運動抽象原因的學問同樣應排除實驗和經驗，論證應從名詞的定義展開，而非依賴事實和感官。此外，萊布尼茲同意運動的生成原因中必須包含欲力（conatus），但他並不像霍布斯那樣將欲力視為物質性的，而是將其與「瞬間的精神」聯繫在一起。萊布尼茲認為，物體的「統一性」（unity）和物體運動的不可分割性，最終只能透過非延展的精神不可分性來解釋。同時他認為，不滅的精神就存在於不可分割的幾何學的點上。這正是萊布尼茲畢生一以貫之的「個體化」〔同一性（identity）〕原理，而這項原理作為運動理論的前提指出，若沒有真正的相同的事物，運動變化就不具意義。也就是說，萊布尼茲將霍布斯的欲力概念「精神化」後並加以採納。萊布尼茲並非將物體本身精神化，但這無非就是將霍布斯的唯物論自然哲學轉化為「唯心主義」（idealism）的一條路線而已。

此後，萊布尼茲在在一六七二至一六七六年間滯留巴黎，並於一六七四年發現變換定理[14]，最遲在翌年完成該定理的證明，從而確立了微積分這一新方法。在此期間，他逐漸認識到機械論的局限性，並嘗試調和機械論哲學與亞里斯多德哲學。他透過將亞里斯多德的「實體形式」（substantial form）融入機械論原理，達成這一目標。「實體形式」是亞里斯多德哲學中的術語，旨在解釋物體或「物質實體」固有的、以目標為導向的本性。例如，植物向光生長的傾

14　譯註：將計算無窮小三角形的和，轉換成計算無窮小長方形的和的定理。

向、重物下墜的趨勢，這些都屬於「實體形式」。一六七六年，萊布尼茲離開巴黎，撰寫了討論運動本性的對話篇《帕其迪烏斯致費拉雷杜斯》（*Pacidius to Philalethes*）。在這部著作中，他探討了笛卡兒和伽利略在數學自然學上的問題，並在此基礎上繼承了亞里斯多德的第一哲學，即形而上學的方法。他認為，自然哲學的實證方法尚未成熟，而理論性的原理思考仍然具有價值。因此，萊布尼茲重新引入了他曾一度放棄的亞里斯多德「實體形式」的概念。然而，這並不意味著他放棄了機械論的研究計畫。他將「實體形式」作為精神性原理引入機械論，以確保物體的統一性起源，同時積極發展機械論來解釋物體及其現象。

一六七〇年代末期，萊布尼茲放棄了霍布斯式的自然學，逐步確立了自己的新動力學理論。他認為，物體的延展性和「不可透入性」（antitypia）純粹是被動的，而能動力的來源不可能來自物質的形變。因此，運動與思維必須源於其他事物。萊布尼茲在支持機械理論來解釋物體現象的同時，也主張物體具備某種能動力。具體而言，物體由兩種本質構成：一是形式，即原始的能動力（活動的原理）；二是質料，即原始的受動力（抵抗的原理）（〈動力學概要〉（Specimen Dynamicum），一六九五年）。因此，所有物質性事物都可以透過機械原理解釋，但力學的基本原理則除外。藉由這種方式，萊布尼茲提出了他獨特的動力學世界觀。

一七〇〇年以後，萊布尼茲開始發展「單子論」（Monadology）。單子是一種精神性且不可分割的單純實體。物質性實體不過是具象化的單子的複合體，其主體由依附於某個主導單子的其他單子所構成。物質性實體之所以能保持「一」的狀態，是因為其內在的實體性原理，即形式（form），賦予其在時間中統一的功能和目的。擁有「歷時同一性」（diachronic identity）的物體，其現實性來自實體，然而物體本身並非實體，而只是一個被感知的現象統一體。同樣地，運動的現實性也源自於每個瞬間存在的瞬時力。萊布尼茲嚴厲批判了笛卡兒學派將物體本質僅限於擴延，並主張「擴延實體」（res extensa）的做法。他認為，擴延必須依附於某種存在物。而這種存在物最終被萊布尼茲以新的「力」概念來解釋，也就是說，擴延其實是抵抗所擁有的受動力的擴散，受動力由施動力補充完整。萊布尼茲在他的動力學中，重新詮釋了亞里斯多德的「實體形式」或「第一實現性」（first entelechy），視其為物體完全性的能動原理。萊布尼茲認為，物質性實體由能動力與受動力共同構成。

小結

關於霍布斯、史賓諾莎和萊布尼茲的科學論與方法論，我們可以從「世界哲學史」的角度提出以下觀察。首先，他們三位都繼承並進一步發展了笛卡兒式的新機械論哲學，即以數學方法為基礎來構建自然哲學的計畫。這三位思想家在不同程度上深入推展了這一計畫。值得注意的是，儘管他們對經院哲學持批判態度，卻依然保留了亞里斯多德傳統中從原理出發建構世界圖像的第一哲學特徵。這顯示他們共同遵循了一個哲學上的普遍要求：他們所描繪的數學性世界圖像，不僅要用數學來解釋形式現象，還必須闡明其實在性的根據。然而，他們各自提出了獨特的自然哲學系統。霍布斯創建了基於物體及其運動的唯物論世界觀；史賓諾莎則藉由《幾何原本》的幾何邏輯，忠實貫徹笛卡兒的方法，描繪出一個精神與自然在神的內在合一的「一元論」（monism）世界觀。而萊布尼茲作為下一代思想家，追求比前人更具普遍性的方法，融合了傳統哲學與新興哲學，描繪出精神與自然和諧統一的動力學世界觀。

延伸閱讀

小林道夫編，《哲學的歷史5：笛卡兒革命》（中央公論新社，二〇〇七年）——本書相當詳盡地介紹了本章提到的十七世紀的主要哲學家。是初學者和專業人士的必備書籍。

霍布斯（Thomas Hobbes），本田裕志譯，《論物體》（*Elementorum philosophiae sectio prima De corpore*，京都大學學術出版會，二〇一五年）——關於霍布斯自然哲學的主要著作，以及其哲學體系的原理，是從拉丁文原版譯成日文版的巨作。

史賓諾莎（Baruch De Spinoza），畠中尚志譯，《智性改進論》（*Tractatus De Intellectus Emendatione*，岩波文庫，改譯版，一九九二年）——這是史賓諾莎將自己的方法論與知識論濃縮彙整而成的一本書。雖是原典，但比其他著作來得易讀，是了解史賓諾莎的最佳入門書。

伊馮・貝拉瓦爾（Yvon Belaval），剛部英男、伊豆藏好美譯，《萊布尼茲對笛卡兒的批判》（*Leibniz, Critique de Descartes*，法政大學出版局，上冊二〇一一年，下冊二〇一五年）——從批判笛卡兒的觀點，詳細介紹萊布尼茲哲學體系的基礎書籍。

田上孝一、本鄉朝香編，《原子論的可能性：近現代哲學中的古代思維反響》（法政大學出版局，二〇一八年）——關於萊布尼茲自然哲學更詳盡地發展，請參考此書第四章池田真治的〈萊布尼茲與原子論——從「原子」到「單子」〉（頁一一一—一五二）。

CHAPTER eight

第八章 近代朝鮮思想與日本

小倉紀藏

近代朝鮮思想と日本

一、南北韓的哲學定位

人類主義、智識主義[1]、道德主義

在綜合性論述世界哲學史的各類書籍中，幾乎找不到像本系列這樣，專門為朝鮮哲學（思想）設置獨立章節的前例。

如果要問朝鮮哲學對世界哲學產生了什麼影響，遺憾的是，迄今為止幾乎可以說沒有什麼直接影響。然而，這並不意味著朝鮮哲學沒有其價值。一方面，可能是「朝鮮」一詞給人平淡無奇的印象[2]，導致其哲學價值被掩蓋；另一方面，朝鮮的許多哲學思想內涵著「擺脫困境、迎向未來」的精神，具有強烈的好惡情感，尤其是在對待「近代」這一現象上。可以預見，這樣的朝鮮思想未來將逐漸為世界所關注，並獲得更為顯著的地位。當前的研究者正試圖從「在

1　譯註：智識主義（Intellectualism）是一種哲學和倫理學觀點，強調理性和知識在道德決策中的重要性。它認為行為應以理性和思考為基礎，而非僅依賴情感或本能。智識主義主張理性是判斷的最高標準，知識是實現道德行為的關鍵，並認為情感和理性之間應該達成平衡。此外，智識主義支持教育的重要性，認為透過學習可以增強個體的理性能力和知識水平。

2　譯註：日文根據北韓自稱的國名「朝鮮民主主義人民共和國」，將北韓稱為「北朝鮮」，並將南韓稱為「韓國」，因此在日文的語境中，「朝鮮」容易令人聯想到的在專制政權下實施鎖國的北韓。

地的近代」或「另一個近代」的角度重新詮釋朝鮮哲學思想，此外，後現代主義觀點近年來在南韓也展現了強大的影響力。

如果要全面性地簡化朝鮮哲學（思想）的特徵，我們可以用一句話來概括：「對於人類及人性，尤其是對人的智慧和道德性的無止境肯定與追求。」這是儒教（朱子學）的基本特質，朝鮮佛教、朝鮮巫教（Korean shamanism），甚至朝鮮文化和文學也表現出相似的傾向。這是一種「人本中心主義」（anthropocentrism），屬於正統的人文主義。「超越性」及其內在性觀念已徹底融入日常生活。朝鮮思想對人類本性善的信念極為堅定，對道德能力的信仰近乎虔誠。這種信仰可能是在外來侵略、統治者的壓迫和社會混亂的大環境下，鍛造出來的，使他們形成了對「人」的堅韌信仰，決不屈服於外在壓迫。相對地，朝鮮思想對「智性、理性及道德性」之外的其他存在（如動物或物品等）的感知能力，遠不及日本思想敏銳。由於民眾（非理性人）的文化和思想長期受到壓抑，相關遺存不多，加上文字文本的偏重，這導致了朝鮮文化在視覺藝術（特別是繪畫）方面的匱乏。關於文字文本的偏重，有一個十分明顯的例子：現存世界最古老的金屬活字本《白雲和尚抄錄佛祖直指心體要節》，就是一三七七年高麗時代的書籍，美麗的朝鮮活字也曾在日本受到青睞。總體而言，朝鮮思想具備啟蒙性、理智性及「近代」性。因此，「去近代」的思想雖在日本殖民統治時期有所萌芽，但在光復後便消聲匿跡，韓國的思想潮流重新傾向於啟蒙理性的近代主義。到了一九八〇年代，左派思想興起，民眾思想與民眾藝術強烈表現出反近代的傾向，但這種思想依然強調民眾在對抗「近代這一反人類的邪惡」時，所展現出的堅韌「人本」。這與日本後現代主義追求「解構人類」的方向截然不同。

雖然主流思想與文化以道德為導向，但在非主流中，也存在著「頹廢」（decadence）與「虛無主義」（nihilism）傾向的思想與文化。然而，與日本不同的是，這些反主流、反道德的思想與文化在朝鮮半島一向受到輕視，因此未能發展出更為精緻的內涵。

半島上的思想形成

雅克．德希達（Jacques Derrida）將歐洲稱為「海角」（headland），認為這種半島性的地理條件既促進了各種思想的大量流入，又使其不得不面對與大陸政治權力的關係，從而驅使他們整合這種多樣性，而非使多樣性並存。特別是朝鮮半島，由於西鄰中國這一文明與軍事皆極為強大的地區，朝鮮總是在緊張的關係中發展自己的思想。例如，在唐代，新羅積極引入漢文以促進文明進步；又如，當明清時期中國出現了「去朱子學」的潮流（如陽明學和考據學的興起），朝鮮則反其道而行，加倍推動朱子學的發展。若非朝鮮與中國在文明和軍事上長期處於這種緊張關係，這些現象恐怕不會如此顯著地發生。

不僅如此，半島的東方還有一個群島文明的倭（日本），該如何與這「反文明」的地域交手，對朝鮮半島的人而言，也是一個長期以來的重要課題。舉例來說，在歐洲，群島文明的蘇格蘭孕育出了大衛・休謨（David Hume）的「懷疑論」（scepticism）及「人類是一束知覺」這種不按牌理出牌的論述。相同地，在東亞，日本正是那個有著不按牌理出牌的世界觀的地域（華夷秩序[3]中的夷），提出了去大陸、去理性主義、去本質主義的思想；相對地，朝鮮半島則是自詡為一個文明優越的地域，他們徹底相信人性中存在著超越性的善，並徹底探究理性、智性和道德性的根據。

朝鮮半島這個「海角」是夾在大陸（啟蒙理性文明）和群島（非理性主義文明）之間的一處「人本主義」（humanism）之地。

以通史的角度來看，儘管在這個「海角」上同時存在各種思想，但其發展路徑並非走向折衷或混合，而是朝向純粹化和排他化的方向。思想與政治權力往往緊密相連。例如，高麗時代以後的官方佛教中，華嚴宗與禪宗占據了壓倒性的優勢地位（而在民間，淨土信仰、彌勒信仰和法華經信仰也十分盛行）；朝鮮時代，朱子學在儒家學派中具有絕對優勢地位（陽明學則僅在家族內部以私傳形式延續）。相比之下，日本卻能讓「佛教」與「儒家」這兩種性質迥異的思想兼容並存，這正突顯出半島文化與群島文化之間的明顯差異。當然，朝鮮半島的思想發展也並非全然單一，例如十九世紀的東學便是一個例外。東學融合了巫教、泛靈信仰（animism）、儒家、道教和佛教，兼具思想性與宗教性，形成了一種綜合性的體系。

對日本的影響

自日本古代起，朝鮮半島便在文明、文化、思想上，為日本群島帶來了深厚的影響，這是常識，也是理所當然之事。

根據《古事記》的記載，應神天皇時代，百濟的學者和邇吉師（也稱為王仁）將《千字文》和《論語》帶到日本，這是日本早期接觸中國文化的重要事件之一。此外，在西元五五二年，欽明天皇十三年時，佛教正式傳入日本，這一事件被稱為「佛教公傳」，傳自百濟。然而，普遍認為日本非官方的佛教傳入實際上可能發生在更早的時期。

日本與新羅在思想上的聯繫也非常深厚，尤其新羅最偉大的佛教哲學家元曉（六一七—六八六），對日本佛教產生了深遠影響。七三六年，元曉的弟子審祥（或作審詳），同時也是中國華嚴宗三祖法藏的弟子，將華嚴思想傳入日本。

日本鎌倉時代初期的明惠（一一七三—一二三二）被譽為「華嚴宗中興之祖」，他所敬仰的正是新羅華嚴思想的大師義湘（六二五—七〇二）。義湘提出了中國華嚴思想中未曾有的「理理無礙法界（理理相即）」概念，這一思想也引起了井筒俊彥（一九一四—一九九三）的高度關注。

3 譯註：上古中原人用於區別「中原華夏」與「四方蠻夷」的一種概念。

不僅如此，通常被認為是日本獨有的漢文訓讀法，據說在根本上與新羅體系中佛僧閱讀經典的方法相通（關於此點，請參考金文京，《漢文與東亞》岩波新書，二〇一〇年）。

認為日本的修驗道[4]與武士（samurai）源自於新羅「花郎」的說法，未必全然是無稽之談。所謂「花郎」是指貴族青年作戰集團（花郎徒）的首領，同時被視為彌勒轉生的象徵。這個集團在新羅的深山中生活，將儒家、佛教、道教思想融合在一起，崇尚唯美主義，並以「臨戰無退」和「殺生有擇」（指有選擇地殺生）的超越生死的武人戒律，來強化內部的團結與精神修養。

朱子學（性理學）

本章所討論的朝鮮思想與哲學，主要集中於近代時期。筆者將以近代為重點，並從對近代產生直接影響的朝鮮時代（即一三九二年至一八九七年的朝鮮王朝時期）開始敘述。

在探討朝鮮思想史時，如果涉及高麗時期之前的部分，必須花較多篇幅來談論佛教的相關記述，特別是要聚焦於新羅的元曉和義湘、高麗的知訥（一一五八—一二一〇）等重要人物。然而，若將焦點放在朝鮮王朝之後，首先必須談論的還是朱子學（近年來，南韓更傾向於將「朱子學」改稱為「理性學」，但本章仍沿用「朱子學」的稱呼）。朝鮮時代的代表性朱子學家包括李退溪（一五〇一—一五七〇）、李栗谷（一五三六—一五八四）等人。

在朝鮮時代，他們努力將中國的朱子學進一步精緻化、統合化、形式化、政治化和靈性化。精緻化的例子包括「四端七情之辯」和「人物性同異之辯」；統合化的例子是他們展開的詳盡文獻學研究；形式化則體現在「禮論」的發展上；政治化的代表是以李栗谷為始祖的老論派（當時最大黨派）的發展；靈性化則以李退溪為始祖的南人派（四大黨派之一）為例。靈性化的發展到了十八世紀下半葉，出現了朝鮮民族最早的天主教信徒，同時，被後世稱為「實學」的思想也在這一時期達到了集大成的階段。

「實學」的部分將在後面詳細敘述，這裡先介紹兩場重要的哲學論戰。第一場是「四端七情之辯」，又稱「四七之辯」。其中，四端指的是《孟子》中的重要概念，包括惻隱、羞惡、辭讓、是非四種情感，孟子認為這四種「情」分別是仁、義、禮、智四種「德性」（性）的發端。七情則來自《中庸》和《禮記》，指喜、怒、哀、懼（樂）、愛、惡、欲七種情感。四端和七情都屬於「情」（氣）的範疇，但在朱子學中，兩者的區別在於，四端是直接連接到德性（性，即理）的情感，而七情則有可能淪為欲望的情感。

「四端七情之辯」最初由李退溪與奇高峯（一五二七—一五七二）展開，隨後逐漸演變成一

4 譯註：原為日本自古以來的山岳信仰，信者為得開悟而入山實踐刻苦的修行。而後受外來的佛教影響，形成日本獨特的宗教，

場規模龐大的哲學論戰。

李退溪認為「四端發自理，七情發自氣」，這一觀點被稱為「理氣互發說」，即理能引發情感，氣也能引發情感。對此，年輕的奇高峯提出不同見解，他認為如果將四端與七情區分為「理」與「氣」的二元對立，會導致七情與「性」（理）無關，而四端也與「氣」無關。因此，奇高峯主張，正確來說，七情也是由「性」發出，因此與「性」（理）有關，而四端既然也是「情」，因此也與「氣」有關。

針對此觀點，李退溪提出了一項著名命題：「四端理發而氣隨之，七情氣發而理乘之」（四端由理所發，氣隨之而來；七情由氣所發，理則統御其上）。這一命題隨後成為朝鮮儒學史中長期爭論的核心，其重要性不言而喻。對朱子學者來說，承認不動的理能夠引發「發」的動作並非易事，然而李退溪所主張的「理發」、「理動」、「理到」，卻描繪出了一種充滿動態性的「理」。

對此，李栗谷支持奇高峯的論點，明確主張「理不發」，以及「氣發而理乘之」（氣發理乘說）。

接下來，朝鮮儒學界分裂為李退溪系統（嶺南學派）和李栗谷系統（畿湖學派）兩大學派。自十六世紀以後，朝鮮王朝進入了黨爭時期。士大夫階層最初分裂為東人和西人，之後東人進一步分裂為南人和北人，其中南人屬於李退溪系統；而西人屬於李栗谷系統，但後來西人又分裂為老論和少論，這便形成了四大黨派：南人、北人、老論和少論。

另一場重要的哲學論戰是「人物性同異之辯」，這是一場長期存在於掌權黨派老論派內部的論戰。此處的「人」指人類，而「物」主要指動物，這場論戰的核心爭議在於探討人的本性與動物的本性是否相同。

這場論戰由同門師兄弟李柬（一六七七—一七二七）與韓元震（一六八二—一七五一）挑起。兩人皆是老論派領袖權尚夏（一六四一—一七二一）的門生。李柬主張「人物性同」（人與物本性相同），而韓元震則主張「人物性異」（人與物本性相異）。居住在近畿（首都近郊）與忠清道的老論派士大夫們，繼承了兩人的觀點，並展開了一場漫長且深入的辯論，討論的問題包括人與動物本性的異同、心在未發狀態下的善惡之分，以及心的多層性等議題。

這場論戰一直持續至十八世紀下半葉，並對後來的北學思想、衛正斥邪思想，乃至開化思想等重要思想與理念產生了深遠的影響。

朝鮮朱子學對日本產生了深遠影響，尤其是在熊本藩[5]、土佐藩[6]等地，尊崇李退溪的儒者們尤為活躍。熊本藩的熊本實學派將李退溪視為最偉大的儒學家，並培育了許多人才，幕

5　譯註：過去位於日本九州的藩國。
6　譯註：過去位於日本四國的藩國。

末時期的橫井小楠（一八〇九—一八六九）[7]便是其中之一。進入明治時期後，元田永孚（一八一八—一八九一）成為明治天皇的侍講，並最終晉升為樞密院[8]的顧問官。他與井上毅等人共同起草了《教育敕語》。然而，耐人尋味的是，尊崇李退溪、學習其學問的日本儒者所起草的《教育敕語》，最終卻成為統治並支配朝鮮這片併合殖民地的重要思想基礎，這無疑是一種諷刺。

二、朝鮮與近代的關係

「實學」問題

在「合併殖民地時代」（此術語將在後文進一步解釋）中，「實學」的重新發現，無疑是朝鮮民族對日本人推動朝鮮思想詮釋的一種反動。「實學」一詞原本是朱子學中的術語，用來對比科舉考試中背誦詩文（稱為「記誦詞章之習」）的學問。朱子學界定了一套旨在純化道德本體（即人心）的學問，並將其稱為「實學」。

日本在明治時期以前，也以相同的定義使用「實學」一詞。熊本實學派所推崇的「實學」正是這個意思，因此他們尊奉朱子學和李退溪的學問為「實學」。

然而，在明治時期之後，過去在朱子學理論框架中被視為「功利」或「事功」（即指事業與功績）而遭到輕視的學問，正是那些探討現實經濟發展與社會改革的學問，隨著時代的變遷，越來越多人將這類學問稱為「實學」。同時，批判朱子學為「固陋」和「空理空論」的言論也在日本開始盛行。這些言論正巧遇上了朝鮮被併吞前「朱子學一面倒」的現象，讓日本找到理論依據來正當化其將朝鮮半島併為殖民地的行動。這樣的理論如同新型病毒般迅速蔓延，並產生了強大的影響。

對此，朝鮮民族在思想上做出了各式各樣的回應。一方面，開化派與親日派主張全盤接受並實踐日式「實學」；另一方面，亦有一股力量遠離實用主義，專注於靈性化的新興宗教，如東學、天道教、甑山教、圓佛教等。然而，這些宗教的靈性化發展並非單純否定現實，其中多數宗教都懷抱著開拓新世界的使命感，試圖在靈性與現實之間尋找新的平衡與出路。

此時還出現了另一股重要的思想潮流，主張「朝鮮王朝並非完全偏向朱子學，實際上朝鮮王朝內部也曾有過不依循朱子學思維發展的非形上學實學。事實上，這才是東亞最頂級的思想體系」。在頂尖歷史學家鄭寅普（一八九三—一九五〇年，亦為陽明學者）的領導下，這一論述變得更加鏗鏘有力。本章為了與原本朱子學所主張的實學（即實踐道德的學問）加以區分，當提到

7 譯註：改革派的武士暨思想家，推動日本明治維新之一人。
8 譯註：日本天皇的諮詢機構。

合併殖民地時期新主張的非形上學「實學」時，會在「實學」一詞上加上引號，以示區別。

關於「實學」家的譜系，南韓主流的分類方法通常將其分為兩大派系：「經世致用學派」和「利用厚生學派」。此外，還有另一種分類法，將其細分為三派，即「經世致用學派」、「利用厚生學派」和「實事求是學派」。

「實學」學問的源頭可以追溯到李晬光（一五六三—一六二八），後來由柳馨遠（一六二二—一六七三）繼承發展。然而，其中最為重要的實學大家，無疑是博識如百科全書般的南人派代表人物李星湖（一六八一—一七六三）。在李星湖的學術系統之下，實學家輩出，包括安鼎福（一七一二—一七九一）、李家煥（一七四二—一八〇一）和丁若鏞（一七六二—一八三六）等人。因此，這一學派被稱為「星湖學派」，也有人根據其學問內容，稱之為「經世致用學派」。該學派還是天主教傳入朝鮮後的首批接納者，這一點尤為重要。在其中，丁若鏞是朝鮮王朝後期最偉大的儒學家，他的號為茶山，因此他更為人所知的名字是「茶山」。

然而，在政治界中，星湖學派（南人派）始終屬於非主流。而在與其對立的主流黨派老論派中，也出現了「實學」的聲音。他們屬於北學派（「北」指清朝），主張向當時被朝鮮輕視的清朝學習最新文化，並以「利用厚生」（語出《書經》）為核心主張，因此又稱為「利用厚生學派」。該學派的代表人物包括洪大容（一七三一—一七八三）、朴趾源（一七三七—一八〇五）、朴齊家（一七五〇—？）等人（不過，朴齊家的家世屬於少論派）。

但這兩個系統在一八〇〇年正祖去世後，遭到全面打壓。此後，勉強保住「實學」命脈的是受清朝考證學影響的金正喜（一七八六—一八五六年）與李圭景（一七八八—一八五〇年）等「實學」家，他們被稱為「實事求是學派」。此學派勢力雖不算強大，但後來被朝鮮王朝末期的開化派繼承，從這一點來看，也是極為重要的一支譜系。在金正喜的學術體系下，崔漢綺（一八〇三—一八七九年）幾乎可被視為朝鮮首位經驗主義者。他重視「氣」，否定「理」的先驗性，並引入西方的自然科學。

「實學」在合併殖民地時期開始受到推崇，但在解放後的北韓獲得了更高的評價。北韓將朱子學定義為反革命的封建思想，對於死守「理」這一反革命理念的儒學家們（尤其是李退溪）予以徹底貶低。相對而言，北韓讚揚「實學」家們的主張，認為這些思想才是反封建主義、反事大主義[9]、反唯心論的唯物論思想。南韓在一九七〇年代至一九九〇年代期間也給予「實學」高度評價，但不同於北韓的二分法，南韓在此時期依然稱頌李退溪、李栗谷等朱子學家，並未將他們徹底否定。

無論是在北韓、南韓，還是日本的近代化敘述中，都普遍將朝鮮的「實學」過度解釋為

9　譯註：事大主義是指朝鮮半島上的新羅、高麗和朝鮮王朝三王朝的外交政策，其政策為效忠中國。反事大主義則是否定事大主義，追求獨立自主。

一種反對朱子學的學問，彷彿朝鮮時代存在一個與朱子學（虛學）截然不同的學問領域，名為「實學」，甚至還有一個專門奉行這門學問的「實學派」。這樣的觀點廣泛流傳，但實際情況並非如此。所謂的「實學派」根本不存在，而將「實學」完全視為反朱子學的學說，也是對其內涵的誤解。

「近代」問題

近年來，隨著「去近代」的言論逐漸成為南韓的主流，認真討論近代的聲音幾乎已經消失殆盡。然而，從光復後到二〇〇〇年代之間，南韓的思想研究幾乎都圍繞著近代這一「困局」（aporia）展開。上一節提到的「實學」討論，自然也是基於「朝鮮也能實現內生性（endogenous）的近代化」這一認知框架下進行的。假如說日本因為薩英戰爭（一八六三）和下關戰爭的戰敗（一八六三—一八六四）而產生了強烈的危機意識，促使其急於實行西化，進而推動明治維新，那麼導致朝鮮王朝遲遲未能開國的原因，反而是由於「戰勝的自負」。因為在一八六六年，興宣大院君（一八二〇—一八九八）掌權期間，朝鮮在江華島成功擊退了法國軍隊（丙寅洋擾），同年在平壤焚毀了美國帆船（謝爾曼將軍號事件），並在一八七一年再度於江華島擊退美國艦隊（辛未洋擾）。儘管後來日本在文明開化的道路上迅速前進，將「遲到的」朝鮮遠遠甩在身後，但這並不意味著日本與朝鮮在「能否實現近代化」上存在根本能力的差異——這是南韓主流觀點的基調。他們認為，若不是日本吞併了大韓帝國，朝鮮本來也有可能實現內生性的近代化發展。

若是如此，那麼是什麼思想資源，足以讓一個民族成就「內生性的近代化」？

在北韓的思想史中，重點放在「實學」和東學這兩個思想體系。他們認為，這兩者在「理」與「氣」之間，更加重視「氣」，因此具有唯物論的特徵。此外，東學被視為民眾的思想，而「實學」則代表了民眾，或至少是小規模土地所有者利益的思想。正因如此，北韓將這些思想視為朝鮮民族的驕傲，並認為它們是值得尊崇的近代思想。

對於南韓而言，核心思想是「實學」，但與北韓不同的是，南韓的主流學術界長期以來並沒有認真看待東學。他們承認一八九四年的「甲午農民戰爭」（過去稱為「東學黨之亂」）的主要力量確實來自東學信眾，但不認為東學是近代思想的胚胎。然而，自一九八〇年代起，左派的民眾史觀在南韓逐漸興起，這才使得東學與近代思想的關聯逐漸被認識到。然而，南韓的發展路徑與北韓不同，他們從東學中找出了「去近代」的思想，並開始積極評價這一部分的內容。

北學的方針

在眾多朝鮮「實學」的譜系中，與近代關係最為密切的應屬北學派。東學的含義是「相對於西方學問的東方（朝鮮）學問」，而北學的含義則是「向北方（清朝）學習」。值得注意的是，東學出現於十九世紀下半葉，而北學早在十八世紀下半葉便已興起，因此「北學」這一名稱並非因對抗「東學」而產生。在十七世紀中葉之後，老論派在中央政界掌握了絕大部分權力，他們的黨派理念主張「北伐」。北學派正是為了與之抗衡而誕生的政治方針。北伐的目的是為明朝復仇，推翻滿族建立的清朝，恢復道德上的正統性（儘管朝鮮王朝附屬於清朝，因此不能公然提出「推翻清朝」的口號）。老論派的北伐主張與小中華思想密切相關，他們認為朝鮮王朝才是繼承明朝嫡系正統的中華。

北學派正是從老論派中發展出來的學派。前面提到的洪大容、朴趾源、朴齊家正是北學派的代表性辯論家。北學派批判政權中樞已經脫離現實，沉溺於虛幻的國際關係認知中，認為必須摒棄「清朝是蠻夷」的想法，主張學習清朝的先進文化與制度，因為清朝走在文明的尖端。北學派有一個重要的觀念，那就是「人種（雖然當時沒有這個術語，但指的內容完全是在討論人種）與文明不能混為一談」。掌權的老論派認為「明朝是漢民族，因此是文明的；清朝是女真族，因此是野蠻的」，他們的看法是「這種蠻夷不可能擁有文明，朝鮮王朝已經步入文明，因此比清朝更為優越」。然而，北學派基於自己曾擔任燕行使前往清朝的經歷，見識了清朝的實際情況，主張「我們必須學習清朝的先進文物」。在討論人種與文明的關係時，他們反對將某一人種（例如女真族）視為蠻夷，並斷定其不可能擁有文明。事實上，北學派認為女真族建立的清朝已經實現了遠比朝鮮王朝更高程度的文明。朝鮮士大夫不學無術，拒絕向清朝學習，這是極其不可取的行為。這就是北學派的主張，並且他們能夠理性地將文明與人種分別看待。

一八〇〇年，隨著為北學派提供庇護的正祖突然去世，北學派遭到徹底鎮壓。然而，這股思想經過數十年的醞釀與傳承，最終在朝鮮王朝末期被開化思想所繼承。若朝鮮王朝想要真正實現內生性的近代化，那麼除了堅持「北學的方針」之外，恐怕別無其他選擇。然而，朝鮮王朝最終並未走上這條道路。南韓的歷史觀普遍認為，朝鮮半島在十九世紀是處於「黑暗」之中，急進的「利用厚生」改革未能實現，朝鮮的時間與精力都耗費在王室外戚的權謀鬥爭之上。

東學的方針

此時，重新獲得正面評價的是東學。東學是由崔濟愚於一八六〇年在慶州創立的新思想與新宗教。一八九四年爆發的甲午農民戰爭（過去稱為東學黨之亂），主要由沒落的兩班階層與農民群眾在全羅道起義，這場起義正是東學思想催生的結果。由於許多參與起義的人都信奉東學，東學在韓國近代史中擁有極為重要的地位。這場起義的最高目標是抗議朝鮮王朝地方官僚的掠奪與腐敗，同時也與抵禦外國（日本與西方）的帝國主義侵略密切相關。最終，這場起義促使了中日甲午戰爭在朝鮮半島的爆發。

東學是一種試圖打倒帝國主義侵略和政治腐敗的思想與實踐。南韓的認知是，東學代表了一支具有高度道德性的思想譜系，後來這支譜系被殖民地時期的抗日運動所繼承，並在光復後，成為民眾對抗軍人出身的獨裁政權，推動民主化運動的重要思想基礎。

當南韓人意識到近代化的進程已接近尾聲時，他們便不得不開始從自己的民族思想資源中，尋找出「反近代」、「去近代」或「另一種近代」的元素。而一旦南韓人認定「近代是萬惡的時代」，東學作為思想與宗教，便會對他們展現出無窮的魅力。因此，近年來在南韓，「東學才是真正的去近代思想」已成為最具影響力的主流觀點。

然而，自一九九〇年代以來，南韓社會中出現了另一個觀點迅速浮上檯面，即將朱子學視為「反近代」、「去近代」或「另一個近代」的思想。這正是南韓與北韓不同之處。在推行近代化的時代，無論南韓還是北韓，都受到了日本殖民地史觀（朝鮮停滯論）的影響，認為朱子學是「停滯性」、「守舊性」、「附屬性」、「非主體性」、「反自由」、「反平等」以及「空理空論」的象徵，因此被貼上負面的標籤。然而，當南韓認識到自身國家已完成近代化和產業化進程時，逐漸開始重新看待朱子學，認為它才是兼具德性、文明與自然調和的核心人本思想。「朝鮮王朝以儒治世的時代，才是真正德性端正、理想政治的時代」，這樣的論點在南韓社會中廣泛流傳。「十八世紀下半葉，朝鮮王朝的英祖與正祖時代，正是儒家理想主義發展到巔峰的輝煌時期」，因為他們實現了儒家文人統治的精髓，達到了理想狀態——這樣的史觀在南韓已成為不可撼動的定論。

他們會把東學和朱子學連結到「去近代」，是可以理解的。因為南韓的後現代主義帶有一種「重回近代之前」的復古風格。

這又是怎麼回事呢？

如前所述，對南韓而言，近代既是燦爛的時代，也是黑暗的時代。內生性發展的失敗、帝國主義的侵略、淪為殖民地的窘境、意識形態造成的分裂、軍事獨裁、個人主義的崛起、自然環境的破壞，以及資本主義的弊害等，都為這個時代帶來了堆積如山的負面遺產。對這些問題展開道德上的評斷，正是南韓後現代主義的一大特徵。然而，日本的後現代主義則帶有「去道德性」的傾向，兩者風格迥異。

三、近代的朝鮮對日關係

合併殖民地的性格

從一九一〇年的日韓合併到一九四五年日本戰敗、朝鮮半島光復，筆者將這段期間稱為「合併殖民地期」，並將這時期的朝鮮半島稱為「合併殖民地」。這樣稱呼的理由有兩方面：一方面，當時的朝鮮半島並非單純成為日本的殖民地，而是形式上與日本合併；另一方面，儘管名義上是合併，朝鮮半島仍具有許多殖民地的特徵。正是由於這種既是合併又非完全合併的模糊性，筆者創造了「合併殖民地」這一新詞彙來描述這段歷史。

這段時期，朝鮮半島展現出「合併殖民地」的雙重特性。這意味著，單純將朝鮮視為被掠奪、被暴力統治的客體，並非完全真實；同時，將日本與朝鮮半島描述為對等的「合併狀態」的歷史敘述，也是不準確的。日本確實扮演了統治者的角色，而在政治統治的層面，朝鮮半島是全然的客體。然而，即便在人們身處惡劣的政治權力關係中，仍會追求主體性，發展出自己的思想。在合併殖民地期，日本民族與朝鮮民族之間，存在著複雜的敵對與融合的關係。

抗日、獨立、團結

朝鮮在成為日本的合併殖民地的過程中，以及淪為殖民地後，理所當然掀起了一波對日抗爭與從日本獨立的思想運動。但令人意外的是，像是朱子學基本教義派的衛正斥邪思想、初期的東學思想等，這類一面倒的排日思想反而是少數。實際上，東學在朝鮮半島合併殖民地化的前後，對日本做出了「妥協」，而衍生出一支完全親日的團體。

這當然是在日本強權支配與暴力統治下所採取的因應策略，但情況並非如南韓在光復後所認為的那樣完全是全面抗日。事實上，當時有許多思想並非「迫不得已的妥協」，而是立場曖昧的觀點也不少。他們的思想核心是，在目睹西方勢力東漸、中國日益衰弱的情勢下，認為日本與朝鮮（或稱大韓帝國）應該「團結」起來，共同創造新的東亞，甚至共同塑造一個新世界。對於這一事實，現今的日本人、南韓人和北韓人都應該有更為正確的認識。

一九〇九年，在哈爾濱車站附近暗殺了伊藤博文的安重根（一八七九—一九一〇），其實也是尊崇天皇的亞洲主義（Asianism）者。其主張核心是「為了實現世界和平，日韓必須團結」，這不是單純的反日思想，而是「東亞團結論」，當時日本會有許多人與他的哲學產生共鳴，自然也就不難想像。

下一節所要談的獨立宣言書，基本上也是屬於日韓團結論。

《獨立宣言書》

殖民地併合初期遭受了被稱為「武斷統治」的殘酷支配。為了反抗這種統治，再加上受到美國總統伍德羅·威爾遜（Woodrow Wilson）於一九一八年提出的「十四點和平原則」中民族自決思想的影響，朝鮮於一九一九年三月一日爆發了獨立運動。

此時發表的《三一獨立宣言》中寫道：「對充滿仇恨與憤怒的兩千萬人民予以暴力鎮壓，絕非保障東亞長久和平之道。」並宣告：「我們在此宣布，朝鮮是獨立國家，朝鮮人民是自主獨立的民族。我們要告知世界各國，揭示人類平等的最高原則；我們也要告訴千秋萬代的子孫：我們永遠享有民族自立與生存的正當權利。」

這篇宣言寫得極為鏗鏘有力，值得我們詳細閱讀：

我們成了舊時代遺物的侵略主義與強權主義的犧牲品，在有史以來數千年的歷史中，我們第一次感受到被其他民族壓迫的苦楚，至今已承受了十年之久。這些年，我們的生存權被剝奪，靈性發展受到阻礙，民族的尊嚴與名譽也嚴重受損，還失去了以我們嶄新的敏銳度、創造力，為世界文化的大潮流做出貢獻的機會。

今日朝鮮的獨立是為了使朝鮮人得以成就正當的生存與繁榮，也是為了幫助日本脫離歧途，並完成自己身為東洋守望相助者的重大責任。如此一來，相信必能讓支那從寢食難安的不安與恐懼中解放，而東洋作為世界的一部分，達成東洋和平也將是達成世界和平與人類福祉的必經階段。這怎麼會是無謂的情緒問題呢？

日本自簽訂《江華島條約》以來，違背了兩國間的許多盟約，但我們並非要譴責日本缺乏信義。日本學者在講壇上、統治者在實際治理中，均將我們祖先建立起的傳統加以殖民地化，對待文化悠遠的民族如對待蠻夷之邦，這麼做純粹只是沉溺於征服者的快感而已。儘管日本無視於我們淵遠流長的社會基礎，無視我們卓越的民族心性，但是我們仍然不會去責備日本缺乏道義。因為我們正急於鼓舞自己，根本無暇抱怨他人。（中略）我們該做的絕非破壞他人，我們該做的是朝自我建設邁進；我們該做的也絕非基於舊恨和一時情緒，去妒恨他人，驅趕他人，我們該做的僅只是秉持著嚴肅的良心，為自己開拓出新的命運。我們的目的是要在那些受到舊思想、舊勢力驅使的日本政治家的統治下，將淪為犧牲，陷入不自然、不合理的錯誤狀態之現實加以改善，並回歸到自然且合理的天地法則中。

對充滿仇恨與憤怒的二千萬人民施以暴力鎮壓，並非保障東洋長久和平之道。如此只會讓身為東洋安全保障之主力的四億支那人，對日本的畏懼與猜疑日益加劇，最終必定會造成整個東洋共同毀滅的悲慘命運。

全新的天地就在我們眼前。訴諸武力的時代已終結，道德的時代正來臨。過去一整個世紀琢磨培育出的人道精神，正開始向人類歷史綻放出新文明的曙光。（中略）我們會維護天賦的自由權，由衷享受生命的豐盛樂趣，並發揮我們所具有的創造力，讓這個迎向春天的世界，綻放出民族精華的花朵。

延伸閱讀

古田博司、小倉紀藏編，《南韓學的一切》（新書館，二〇〇二年）——若想了解儒家、佛教，乃至更全面性地了解朝鮮民族的思想、文化及社會的話，筆者推薦這本入門性且包山包海的書籍。此書能讓讀者從更立體、更多元的角度理解思想與哲學。

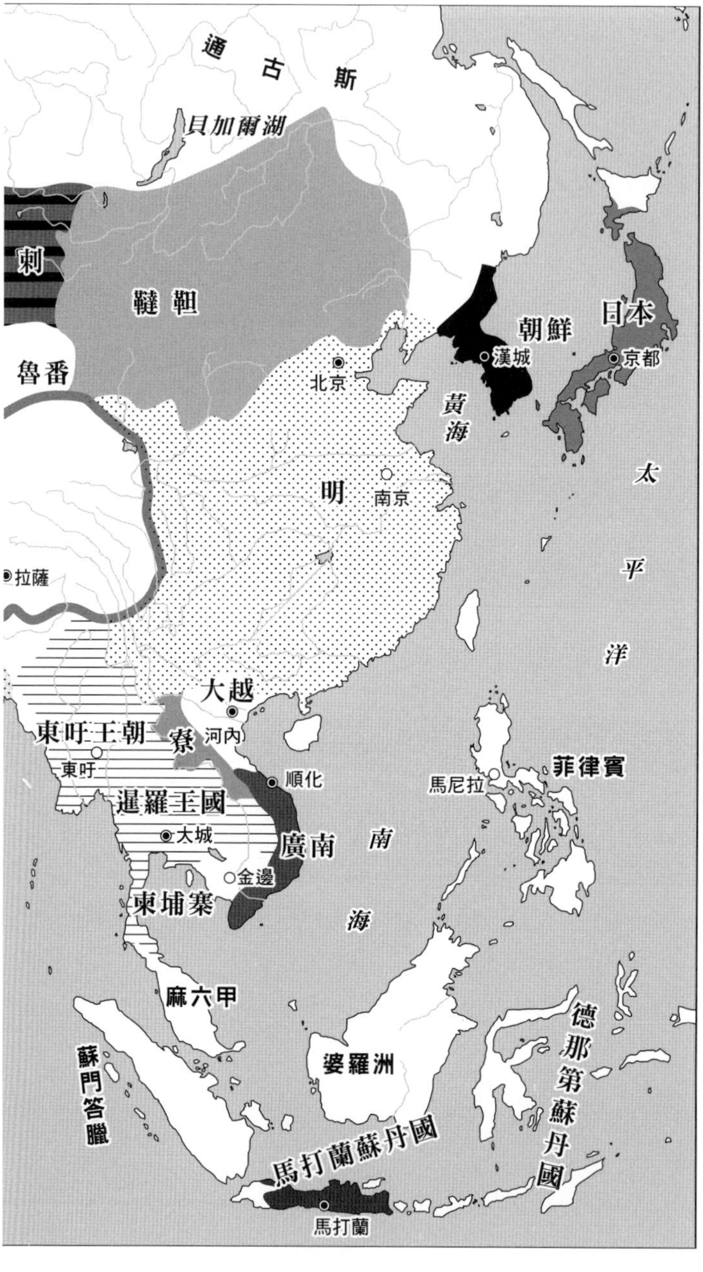
通古斯
貝加爾湖
剌
韃靼
魯番
北京
朝鮮
漢城
日本
京都
黃海
明
南京
太平洋
拉薩
大越
河內
東吁王朝
東吁
寮
順化
菲律賓
馬尼拉
暹羅王國
大城
廣南
南海
金邊
東埔寨
麻六甲
德那第蘇丹國
婆羅洲
蘇門答臘
馬打蘭蘇丹國
馬打蘭

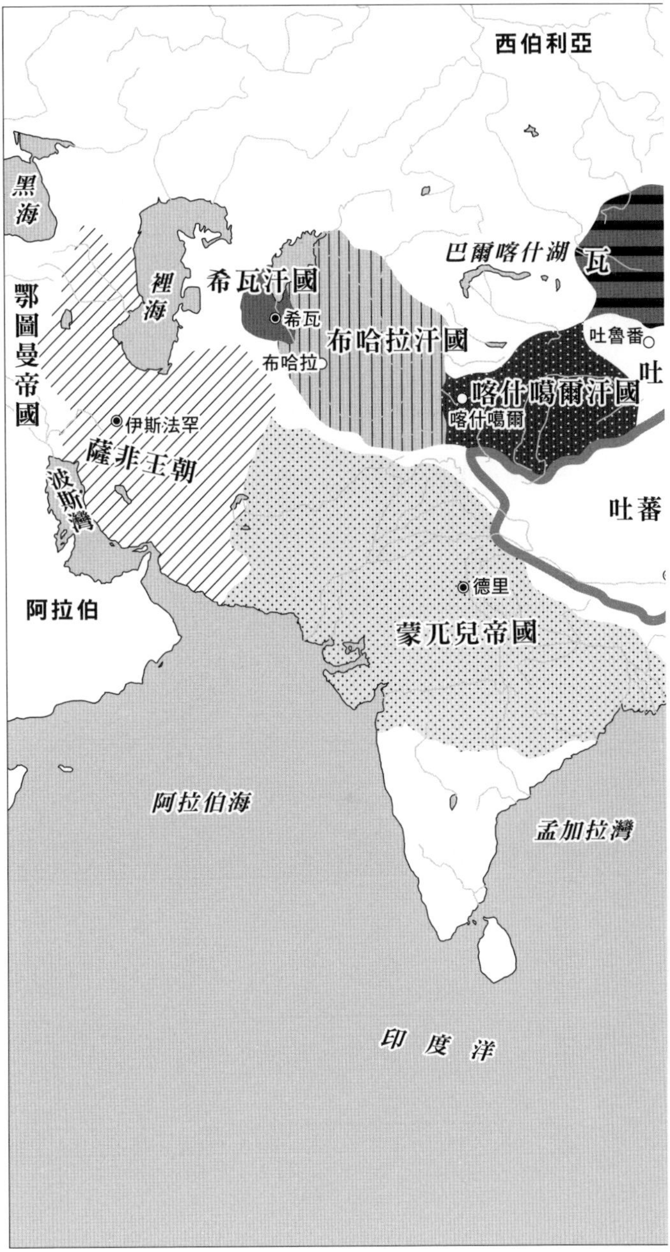
西伯利亞
黑海
裡海
希瓦汗國
希瓦
布哈拉汗國
布哈拉
巴爾喀什湖
瓦
吐魯番
吐
喀什噶爾汗國
喀什噶爾
鄂圖曼帝國
伊斯法罕
薩非王朝
波斯灣
吐蕃
德里
阿拉伯
蒙兀兒帝國
阿拉伯海
孟加拉灣
印度洋

十七世紀的亞洲

小倉紀藏，《朝鮮思想全史》（筑摩新書，二〇一七年）——在日本，過去從未有一本入門書，能帶領讀者以通史性的方式理解朝鮮思想，筆者因此撰寫了此書。希望讀者們能先透過此書，認識朝鮮思想史大致的演變，以及其中的重要的議題。不過，有些讀者反映「出場的人名，長得都差不多，實在記不住」。或許這是朝鮮思想對我們而言如此難以親近的原因之一。我們有必要去習慣朝鮮人的人名。

姜在彥，《朝鮮儒家的兩千年》（講談社學術文庫，二〇一二年）——這是一本朝鮮儒家思想的通史，作者是朝鮮思想研究的泰斗。雖然作者的立場是重視所謂的「實學」，但從這本書中也有清楚介紹了關於非「實學」的朱子學。此外。同作者所寫的關於朝鮮基督教、西學和朝鮮近代思想的書籍，筆者也十分推薦。

韓亨祚著，片岡龍監修，朴福美譯，《朝鮮儒學的巨匠們》（春風社，二〇一六年）——作者是南韓儒學研究的新浪潮的舵手，內容深入淺出。作者提出一項提問：「若用現代性的技巧，對朝鮮儒學展開哲學研究，會得到什麼樣的結果？」並針對這項提問反覆展開轟轟烈烈的實驗，其做法超越了過去傳統性的實證研究。因此在朝鮮朱子學、「實學」等的思想上，讀者可以他的書中讀到十分具有開創性的討論，十分值得一讀。

CHAPTER

nine

第九章
明代的中國哲學　中島隆博

明時代の中国哲学

一、從元到明

十三世紀，橫跨歐亞大陸的蒙古帝國崛起。忽必烈即位為可汗後，將帝國的重心轉向東部，並於一二七一年正式定國號為大元，依照中國歷代王朝以一字為朝名的慣例，稱為「元」朝。後來的明朝和清朝也效仿，分別自稱「大明」和「大清」。元朝在一二七九年滅亡南宋，成為自唐代以來首個統一中國的王朝。值得注意的是，元朝期間，由於蒙古帝國橫跨歐亞，西方的宗教如基督教和伊斯蘭教，以及哲學思想，也隨之傳入中國。

元朝對中國的統治時間不長，但除了統治階層內部爭奪主導權外，約在一三三〇年前後頻繁發生的飢荒問題也加劇了社會動盪，使得大元王朝的統治逐漸動搖。在這個動盪時期，白蓮教在民間廣泛流傳。白蓮教被視為一項宗教運動，通常認為其源自廬山慧遠（參考本叢書第二冊第六章）所創立的淨土宗結社組織「白蓮社」，並逐漸與七世紀末傳入中國唐朝的摩尼教（Manichaeism，參考本叢書第二冊第七章）相融合，自南宋時期起影響力不斷擴大。白蓮教結合了淨土宗和摩尼教的特點：前者提倡「彌勒下生」的彌賽亞救世信仰，認為彌勒佛將會降臨世間拯救蒼生；後者則相信明王將會擊敗世間的黑暗勢力。因此，白蓮教既是一個宗教運動，也是一個政治運動，宣稱「彌勒佛將以明王的姿態降臨，將人間轉化為淨土」。

朱元璋（一三二八—一三九八）就是在這場白蓮教教徒掀起的紅巾之亂（一三五一—一三六六）

中崛起的。他率兵北伐，逐步統一中國，並於一三六八年登基稱帝，定國號為大明。摩尼教又稱「明教」，因此有人認為「明」的國號源自摩尼教，但實際上，朱元璋即位後，立即將白蓮教視為邪教嚴加禁止，並以儒家思想作為立國的根基。

二、陽明學的發展

元朝時期，科舉制度依然存在，朱子學仍是其核心。到了明朝，朱子學進一步制度化，甚至成為科舉考試中唯一被採納的解釋體系。仿效唐代的《五經正義》，一四一五年編纂了以朱子學為基礎的《五經大全》、《四書大全》和《性理大全》，這些著作隨後成為科舉的標準解釋。然而，這種朱子學一統的局面在十五世紀末被王守仁（王陽明，一四七二－一五二八／一五二九）所開創的陽明學所打破。

弱化的唯我論

一言以蔽之，陽明學的特點可歸為「唯我論」（solipsism）。然而，這種唯我論具有其獨特性。為什麼這麼說呢？筆者將引用以下這段文章作為例證：

先生游南鎮，一友指巖中花樹問曰：「天下無心外之物；如此花樹，在深山中自開自落，於我心亦何相關？」

先生曰：「你未看此花時，此花與汝心同歸於寂；你來看此花時，則此花顏色一時明白起來；便知此花不在你的心外。」（王陽明，《傳習錄》）

作者譯文：先生前往南鎮遊玩，一友人指著生長在岩縫中的開花之樹，問道：「你好像說過，天下無心外之物，那這顆獨自在深山中花開花落的樹，又和我的心有什麼關係？」

先生答道：「當你沒有在看這些花時，這些花和你的心一樣歸於沉寂。當你來到此地看著這些花時，這些花的顏色便在此刻鮮明起來。所以我們可以知道，這些花不存在你的心外。」

「此花不在你的心外。」陽明學又稱「心學」，單從這段話來看，確實有唯心論的色彩，似乎以心靈為核心。然而，正如所有的唯我論一樣，這種主張必然是針對某個人而提出的。如果真的是純粹的唯我論，那麼也就不需要向任何人表達任何見解了。這裡描述的是王陽明與友人之間的對話，而非他的獨白。兩人在深山中看到樹上盛開的花朵，由此展開了這段討論。那麼，這兩人的內心究竟處於什麼樣的狀態呢？

當王陽明說「此花不在你的心外」時，他其實是在試圖理解友人的內心。這顯示心靈是可以被他人理解的。如果王陽明真的是狹義的唯我論者，他應該會說：「此花不在我的心外」。

然而，王陽明選擇使用「你的心」和「你的心外」這樣的表述，其實已經超越了唯我論的局限。

由此可見，我們或許應該說，王陽明的立場是一種弱化的唯我論。現實的認知高度依賴於每個人自身的心智，當心智得以確立，現實便能透過這些認知而得以成立。換個角度來看，這種結構對每個人都是普遍且適當的，而其本身的結構並不完全依賴於個人的心智。

人的良知

然而，為何「現實的成立依存於心靈的成立」可以說是一個對任何人而言都普遍而妥當的結構？讓「你的心」和「你的心外」這個難題不再是難題的關鍵是什麼？我們不妨看看以下這段文章：

> 人的良知，就是草、木、瓦、石的真知：若草、木、瓦、石無人的良知，不可以為草、木、瓦、石矣。豈惟草、木、瓦、石為然，天、地無人的良知，亦不可為天、地矣。蓋天、地、萬物與人原是一體，其發竅之最精扈，是人心一點靈明。（王陽明，《傳習錄》）
>
> 作者譯文：人的良知正是草、木、瓦、石的良知。草、木、瓦、石若沒有人的良知，恐怕就無法成為草、木、瓦、石。不只是草、木、瓦、石而已，天、地若沒有人的良知，也無法

成為天、地。想來，天、地、萬物與人本是一體的，而其中最精妙的感覺器官，就是人心的靈明。

「天、地、萬物與人原本就是一體。」如果如此，「你的心」也應當與「我的心」同屬一體，因此「現實成立於每個人心中」的結構便具有普遍性。簡而言之，「我的心」之外還有什麼？這個問題因為「一體」的概念而得到化解。而促使這種「一體」成立的，正是「良知」。這一概念源自《孟子》，但王陽明將其理解為「尚未經過理智判斷的知覺」，並進一步主張，甚至連「草、木、瓦、石」和「天地」都擁有這種「知」。正如他所說的：「若草、木、瓦、石無人的良知，則不可稱為草、木、瓦、石矣」，對於個體事物而言，「良知」就是它們存在的依據。因此，萬物與人之所以能成為一體，正是因為「良知」貫穿了世間萬物，為每一個體賦予了「理」（意義），即使個體事物「得以成為它們自己」的存在基礎。

雖然如此，我們需要注意的是，王陽明討論的核心是「人的良知」。他認為，「草、木、瓦、石」之所以能成為「草、木、瓦、石」，是因為有「人的良知」。換句話說，他並不認為「草、木、瓦、石」可以脫離「人的良知」而獨立存在。如果我們假設「草、木、瓦、石」擁有的是「草、木、瓦、石的良知」，而非「人的良知」，那麼此前關於「岩中花樹」的論述便會產生變化，甚至可以論證人的存在是依賴於「岩中花樹」的內心。然而，王陽明並未朝這個方向發展他的論點，他強調的始終是良知必須是「人的良知」。

將外在排除

對於王陽明而言，良知是一種「自知」，即「自發地知曉」，這是一種自我遞迴的「知」，無法與外在的他者建立關係。這正是他對朱子學批判中的根本問題所在。朱子學以「究理」為基礎，換句話說，朱子學建立在充分理解「理」的基礎上（詳見本叢書第四冊第八章關於「格物窮理」的討論）。因此，朱熹試圖徹底理解所有外在事物的本質，以達到「格物致知」的目的。除此之外，外在事物還包括經典文本，因此朱熹致力於解釋四書五經等經典的含義，力求全面掌握其理。

儘管如此，朱熹的想法面臨一個難題，即使徹底理解了外在之物的意涵，也未必能促進「誠意」和「正心」等內在的自我啟蒙。朱熹試圖以「理同時屬於心的內在與外在」的觀點來克服這一問題，但王陽明對此並不滿意。他批判朱子學，認為這種學說將理設置於心外，過於關注外在而忽略了內在。王陽明主張，理的根源必須在心靈的內部，這正是他強調「心即理」的原因。

而將意義植根於心靈的方式正是良知。因此，對王陽明來說，良知必須是一種不依賴外在的「自知」。此外，外在僅僅是內在的延伸，而理的意涵則必須透過「格物致知」來理解。所謂「格物致知」，就是將內心的良知運用於他物，亦即將自身內在透過良知所獲得的意涵賦予外物。

然而，一旦認同人能透過良知達成「萬物一體」，朱熹所糾結的外在問題便會消解，「理」的意義也能輕易在內心得到填補，從而不再需要朱子學所承擔的政治和倫理證明工作。因此，陽明學常被批評為禪宗的偽裝，但其內在結構卻蘊含著類似佛教「人必須達到善惡彼岸」的理念。

無善無惡

陽明學中這種具有爭議性的結構，清楚地呈現在王陽明的兩位高徒——錢德洪（一四九六—一五七四）和王畿（王龍溪，一四九八—一五八三）——之間的論戰「無善無惡之辯」中。這場論戰起源於王陽明對「四句教」的詮釋。「四句教」即：「無善無惡心之體，有善有惡意之動，知善知惡是良知，為善去惡是格物。」

錢德洪依照「四句教」的字面意義展開詮釋，認為即便心的本體無善無惡，然而「意」——也就是「思維」中，依然會產生善惡。因此，必須透過「格物致知」、「誠意」、「正心」、「修身」等實踐功夫，來達成去除惡行、實踐善行的目的。

另一方面，王畿則認為這是一種「權法」，也就是根據具體情況而調整的方式。他主張

「心」、「意」、「知」、「物」本來就是一體的，因此「意」本身並無善惡之分。他進一步明確指出，只要徹底貫徹王陽明的「心」的概念，便能超越善惡，達到彼岸。

針對這場辯論，王陽明認為王畿的見解適合「利根之人」和「上根之人」，而錢德洪的觀點則更適合「中根以下之人」（〈天泉證道記〉）。這樣的裁定是因為在王陽明看來，這兩種論述並不互相矛盾。然而，這裡卻留下了一個深刻的問題。長期以來，中國佛教一直在討論「漸悟」與「頓悟」的區別，也就是究竟是逐步漸進地開悟，還是瞬間徹底地開悟。自宋代以後，隨著禪宗成為中國佛教的關注焦點，這一問題愈發受到重視。人們不僅關注開悟的本質，也愈加探討修行應該是「漸修」還是「頓修」。錢德洪與王畿的分歧，正是承襲了佛教中這種問題意識。因此，王陽明的裁決不僅限於「四句教」詮釋的優劣之爭，更進一步涉及佛教與儒家在修行和理論發展方向上的分歧。

荒木見悟早在其著作《佛教與儒教》一書中對這個問題做出過以下敘述：

> 良知說只標榜「當下一念」的完全超脫，如果輕視並拒絕所有形式的漸修的工夫，即使能誇示良知說的**高度**，也會限制其**廣度**，因此會培養出孤芳自賞、獨善其身、放蕩不羈的偏執，而在歷史中變得與現實格格不入，最後甚至可能會扼殺了良知原本的生命。（荒木見悟，《佛教與儒教》，研文出版，一九九三年，頁四二〇，重點標記出自荒木）

陽明學訴諸良知，試圖將理性的探究領域設定於「心」而非「物」，從而使得通達「理」的過程變得極為簡單。這應該是陽明學對於朱子學「窮理」所需的繁瑣且耗時過程所展開的批判。然而，陽明學的良知因缺乏與他者的關聯，容易陷入「孤芳自賞、獨善其身」的境地。一旦自滿於無善無惡的「高度」，它反而比朱子學更有可能滑入「菁英主義」的窠臼。因此，陽明學必須不惜一切代價維持「漸修的工夫」，這也是王陽明必須讓王畿與錢德洪的立場同時成立的原因。如此一來，陽明學才能擴展其接受範圍，獲得更大的「廣度」。

王艮

其後，由王艮（王心齋，一四八三——一五四〇）創立的泰州學派，大大擴展了陽明學的「廣度」。王艮原本從事鹽的製造與販賣，並非士大夫出身。然而，年輕時的一個夢喚醒了他救世濟民的理想，使他開始構思一套能被普通「百姓」接受的學問。後來，他結識了王陽明，並受到極大的啟發。然而，王艮時常與王陽明持不同意見，這種交流讓他能夠跳脫以往的詮釋框架，更自由地解讀儒家經典。他稱這種方式為「講學」，任何人都可以參加，並且自由討論。

王艮哲學的特徵在於主張「百姓日用即道」，也就是說，他認為學問應該是普通人在日常生活中實踐的「道」。基於此，他提出了「愚夫愚婦與知能行便是道」（作者譯文：普通百姓所知道並能實踐的就是道）和「聖人之道，無異於百姓日用」（作者譯文：聖人的道理與普通百姓日常所知無異）等命題（《王心齋語錄》）。

王艮的哲學最後做出了以下結論：

明哲保身者，良知良能也，所謂「不慮而知，不學而能」者也，人皆有之，聖人與我同也。知保身者，則必愛身如寶。能愛身，則不敢不愛人。能愛人，則人必愛我。人愛我，則吾身保矣。（中略）此仁也，萬物一體之道也。（中略）故君子之學，以己度人。（〈明哲保身論〉）

作者譯文：明哲保身就是良知良能，這是無須思考便知道，無須學習便能做到的事情，任何人都具有這樣的能力，聖人與我皆是如此。知保身者，一定會愛惜己身，如同愛惜寶物。能愛惜己身者，一定也能愛他人。能愛他人者，一定會受到他人喜愛。他人若愛我，我就一定能夠保身。（中略）以上所說的就是「仁」，是萬物一體之道。（中略）君子之學就是以自己為標準來忖度他人。

正如引用文中的「以己度人」，我們在此也可以明顯感受到強烈的「自我」色彩，這也可以被視為陽明學進入「弱化的唯我論」境界的證據。然而，正如黃宗羲（一六一〇—一六九五）在清初所批評的「禪與不知忌憚小人之學」（黃宗羲，《明儒學案》卷三十二，〈泰州學案〉），這種學問有時可能會流於獨斷專行。

將王艮創立的泰州學派哲學，推向更遠處的是李贄（李卓吾，一五二七—一六〇二）。他繼承了王艮的哲學，提出了不少令人印象深刻的主張，諸如「然則今日之是非，謂予李卓吾一人之是非，可也」（作者譯文：今日的是非可以說是我李卓吾一個人的是非）（李贄，《藏書》）、「謂予顛倒千萬世之是非，而復非是予之所非是焉，亦可也」（作者譯文：就算當成是我顛倒了千秋萬世的是非，而來批判我所做出的批判，也沒關係）（同前揭書）。然而，李贄進一步指出，是非並無固定標準，連「孔子的是非」也只是眾多標準中的一種。換言之，他已經超越了唯我論，深入探討規範的相對性與可變性。

儘管如此，李贄並非純粹的「價值相對主義者」（value relativist）。他曾說：「夫私者，人之心也。人必有私，而後其心乃見；若無私，則無心矣」（作者譯文：「私」是人之心，作為人必定會有「私」，只有在擁有「私」的情況下，心才會出現；如果沒有「私」，那麼心就不存在了）（同前揭書）。他認為，若不以「私」為依據而無法滿足私利和私欲的言論，如「無心之論」和「無私之說」，都是不值得考慮的「畫餅之談」，應予以棄絕（同前揭書）。李贄的挑戰在於重新定義私利和私欲，並從中尋找新的規範依據。

那麼，私利和私欲的核心是什麼呢？對於李贄而言，這是人的基本生活欲望，包括對衣食的渴求。他指出：「穿衣吃飯即是人倫物理；除卻穿衣吃飯，無倫物矣」（作者譯文：穿衣和吃飯正是人之倫、物之理，若撇開穿衣吃飯的話，還能談什麼人倫和物理呢？）（李贄，《焚書》）。值得注意的是，他的這一觀點並非單純對欲望的肯定。李贄想表達的是，若要將學問的根基深植於「穿衣吃飯」等欲望之上，就必須努力辨識「真空」（作者譯文：真正的空）（同前揭書）。他認為，唯有在智力上下功夫，才能真正遵守規範。

明察得真空，則為由仁義行，不明察，則為行仁義，入於支離而不自覺矣。（同前揭書）

作者譯文：經過明察，得知真正的空後，就能依據仁義做出行動；若不明察，則會變成只是表面在做仁義的行為，結果知與行變得支離破碎，卻毫無自覺。

這一命題令人聯想到維根斯坦的「遵循規則的悖論」（rule-following paradox）。他指出，若我們缺乏「明察」的智力運作，就可能誤以為自己遵循的是建立於「私」個人仁義的規範，這樣一來，思想與行動就有可能變得支離破碎。因此，必須透過某種方法，例如「明察」，從「私」中走出來，才能真正遵守仁義。簡而言之，李贄希望透過徹底以「私」為根本，突破「朱子學—陽明學」式的向內迴旋，開創一種向外的公共空間。

東林黨與公共空間

如何構想公共空間？這一問題在明末占據了重要地位，主要由「東林學派」，又稱「東林黨」來探討。他們聚集在顧憲成（一五五〇—一六一二）所重建的東林書院，與位於政權核心的魏忠賢（一五六八—一六二七）形成了政治上的對立，並因此遭到迫害。

東林黨在復興朱子學的同時，也繼承了錢德洪譜系下的陽明學，並開始對無法訴諸於內在的外在問題，即公共空間的問題展開深入思考。在這個公共空間中，主要的參與者是一般大眾。儘管東林黨批判泰州學派，但泰州學派所提出的「一般平民老百姓」這一嶄新的外在維度，仍被東林黨所繼承。

繆昌期（一五六二—一六二六）提出的「公論」理論，是關於公共空間的重要論述。作為明末人物，他隨著顧憲成講學，最終因魏忠賢的迫害而死於牢中。

> 夫天下之論，不過是非兩端而已。一是一非，一非一是謂之異，不謂之公。一是皆是，一非皆非，謂之同，不謂之公。公論者，出於人心之自然而一似有不得不然。故有天子不能奪之公卿大夫，公卿大夫不能奪之愚夫愚婦。（繆昌期，〈公論國之元氣〉）

作者譯文：天下的討論都不過是「是」與「非」的兩端。如果在一個討論中，一個人說對，另一個人說不對，或一個人說是錯誤的，另一個人說是正確的，這就稱為「異」，不能稱作「公」。一個人說對，所有人都贊成，或一個人說錯，所有人都同意，這稱為「同」，不能稱作「公」。公論是發自人心的自然意見，而且似乎非如此不可。所以天子無法剝奪高官、士大夫的公論，高官與士大夫也不能剝奪一般平民百姓的公論。

惟夫國之有是，出於群心之自然，而成於群喙之同然。則人主不得操而廷臣操之，廷臣不得操而天下之匹夫匹婦操之。（繆昌期，〈國體、國法、國是有無輕重解〉）

作者譯文：唯有人心可自然地產生意見，每個人都能同等地發表言論時，才能形成國家的正確性。既是如此，則正確性不是操之在君主之手，而是在朝廷臣子之手中；不是操之在朝廷臣子之手，而是在天下「匹夫匹婦」，亦即一般民眾之手中。

繆昌期認為，判斷是非的依據應該取決於一般民眾的言論，即「公論」。顯然，這是以另一種方式再次提出了與李贄相同的問題意識。在我們討論對泰州學派的批判聲音時，黃宗羲也繼承了這種「公論」的討論。

黃宗羲的著作《明夷待訪錄》（一六六三年）中，開宗明義第一篇的〈原君〉這樣寫道：

有生之初，人各自私也，人各自利也，天下有公利而莫或興之，有公害而莫或除之。有人者出，不以一己之利為利，而使天下受其利，不以一己之害為害，而使天下釋其害。（中略）

後之為人君者不然，以為天下利害之權皆出于我，我以天下之利盡歸于己，以天下之害盡歸于人，亦無不可；使天下之人不敢自私，不敢自利，以我之大私為天下之大公。（黃宗羲，《明夷待訪錄》，〈原君〉）

作者譯文：人類誕生之初，每個人都只會謀求自私、自利，即使天下有公利，也沒有會去振興公利，即使天下有公害，也沒有人會去驅逐公害。後來，有某人出現，他不以一己之利益為利益，而使天下之人都能蒙受利益，他不以一己之危害為危害，而使天下之人都能免於危害。（中略）然而，後世的君王卻不是如此。他們認為天下所有利害的權限，都歸於自己一人，因此可以一人獨占天下之利益，可以將天下之危害全部推給他人。他絕不讓天下之人謀求自私與自利，而且將自己的大私視為天下之大公。

理想的君王應該認可天下人都能追求自我利益，同時超越個人的私利，實踐「公共利益」。然而，後世的君王卻往往只專注於實現自己的「大我」，反而妨礙了人們實現自我利益。他指出：「然則為天下之大害者，君而已矣。向使無君，人各得自私也，人各得自利也。」（作者譯文：如此一來，天下的大害便僅來自君王。如果沒有君王，天下人就能自由地追求自私和自利。）（同前揭書）然而，黃宗羲不認為僅僅廢除君王就能解決所有問題，因為人們仍然希望實現「公共利益」，這是理想君王所應具備的功能。因此，他認為君王必須明確揭示自己的「君之職分」，並呼籲制定諸侯、律法、宰相和學校等制度，以作為約束君王權力的機制。其中，學校尤其重要，「公共」的決定應由學校公共空間中的「士」來判斷，而不是由天子一人決定。

《明夷待訪錄》完成於清朝初期，但被乾隆皇帝列為禁書。書名源自《易經》的「明夷」卦，該卦本身有「光明被毀壞」的意涵，而書名則表達了作者對大明王朝滅亡後理想世界的期待。因此，這本書難怪會被列為禁書。如本章開頭所述，「明」這個國號也可以解釋為與摩尼教有關，意指「光明」，在清代則根據《易經》賦予了再次恢復「光明」的意義。

三、基督教與伊斯蘭教

本章最後，筆者想探討明代中國哲學的一個特點，即它與基督教、伊斯蘭教等西方宗教和哲學的對立。泰州學派的李贄曾與利瑪竇（一五五二—一六一〇）有過一面之緣，因此對基督教有一定了解。近年來，甚至有學者認為李贄可能出身於穆斯林家庭。或許正因為這樣的背景，他才能擺脫傳統儒家規範，展現出截然不同的態度。

那麼，具體來說，究竟發生了哪些對立呢？在此，我們可以探討利瑪竇與中國佛教徒之間的論戰，以及伊斯蘭教與中國哲學融合所形成的「中國伊斯蘭哲學」。

基督教與佛教的論戰

在耶穌會傳教士進入中國期間，佛教的「殺生戒」（即禁止殺害生物的戒律）成為他們與中國思想展開哲學討論的一個重要議題。當時的佛教在明朝已逐漸走向衰落，然而，雲棲袾宏（一五三五—一六一五）在民間大力推廣佛教，並成為佛教復興的重要人物之一。他傳教的核心在於強調「殺生戒」，原本不殺生和放生的戒律主要限於僧侶和虔誠的佛教徒，但雲棲袾宏將其改為只需在特定時間和場合遵守殺生戒，使這一戒律更加靈活，讓一般民眾也能遵循，從而推動了佛教的大眾化。

然而，利瑪竇對佛教的殺生戒提出了批判。他之所以如此，可能與耶穌會當時的傳教策略有關，即批判佛教而不直接對儒家或道教展開攻擊，藉此以基督教取代佛教。利瑪竇依據亞里斯多德所提出的三種「魂」來展開論述，這三種魂分別是：維持生命、幫助生長的「生魂」，利用感官產生知覺的「覺魂」，以及推理事物、辨別是非的「靈魂」。這三種魂各自對應植物、動物和人類（關於利瑪竇的魂論，詳見本書第五章）。

重要的是，利瑪竇主張這三種魂的順序是固定的，並以此為基礎批判佛教的殺生戒。他在《天主實義》中指出「戒殺生，亦自不通」，認為動物與人的「靈魂有異」，因此可以將動物視作財物，並為人類的利益宰殺動物。相對地，為了捍衛殺生戒，佛教徒則提出了輪迴說，主張在投胎轉世的過程中，靈魂的排序可以超越原有的界限，人類可能轉生成其他生物的魂，從而強調所有生命都應受到保護。

既知人之體態不同禽獸，則人之魂又安能與禽獸相同哉？故知釋氏所云人之靈魂，或托於別人之身，或入於禽獸之體，而回生於世間，誠誑詞矣。夫人自己之魂只合乎自己之身，焉能以自己之魂，而合乎他人之身哉？又況乎異類之身哉？（同前揭書）

作者譯文：既然知道人體的狀態不同於鳥獸，人的魂又怎麼會與鳥獸相同呢？由此可知，佛教說人的靈魂會在世間輪迴轉生，或附身於他人體內，或進入鳥獸體內，這種說法完全就是無稽之談。一個人自己的魂只與自己的身體相吻合，因此自己的魂不可能與他人的身體合而為一。更遑論要與其他種類的身體合而為一了。

正如這段話所示，利瑪竇認為「魂可以進入不同的身體」是一個極為危險的思想。他的論點不僅否定了魂在不同物種之間混合的可能性，也否定了魂在人類之間相互交融的可能性。

針對此事，佛教徒提出了引人深思的反駁。正如本叢書第一冊第四章及第二冊第六章所述，六朝時期的佛教徒曾討論過「魂交」的可能性。然而，明代的佛教徒並未採用這些論述作為反駁，而是堅持捍衛殺生戒，無論如何都強調其戒律的重要性與必要性。

雲棲袾宏反覆強調：「殺生，天下古今之大過大惡也，斷不可為。」（作者譯文：殺生是天下古今最大、最惡劣的過錯，絕對不可殺生。）（雲棲袾宏，《竹窗隨筆》）此外，羅川如純（生卒年不詳）引用《孟子》中的一段：「見其生，不忍見其死；聞其聲，不忍食其肉。」（作者譯文：看到動物活著的樣子，便不忍心看到它死去；聽到動物的叫聲，便不忍心吃它的肉。）（《孟子》，〈梁惠王上〉）並進一步問道：「苟天生禽獸，我殺我食，胡為聖賢襲此姑息之不忍耶？」（作者譯文：如果上天創造禽獸是為了讓我們宰殺食用，那麼聖賢為何會秉承這種短暫的不忍之情呢？）（羅川如純，《天學初闢》）同樣地，費隱通容（一五九三至一六六一）則指出：「又裂禽獸不具靈魂，應供口腹，致人恣殺，全無不忍之德。」（作者譯文：將禽獸肢解，聲稱它們沒有靈魂，只是為了滿足口腹之欲，從而縱容人類肆意殺戮，毫無憐憫與不忍之心。）（費隱通容，《原道闢邪說》）

這些反駁可能對於利瑪竇的論證而言，並不是充分有效的批判。然而，利瑪竇並不主張「世人」應該放縱欲望，隨心所欲地行事：

世人之災無他也，心病而不知德之味耳。覺其味，則膏梁可輕矣，謂自得其樂也。此二味者，更迭出入於人心，而不可同住者也。欲內此必先出彼。（《天主實義》）

作者譯文：世人的災難正是來自內心生了病，而不知德性的好滋味。若知其滋味，就能看輕美食，並且說自己能在德性中獲得快樂。德性與美食這兩種滋味，交互在人的心中進進出出，無法同時常駐於心中。若想讓德性的滋味進入心中，就必須先讓美食的滋味從心中離開。

正如李贄一樣，利瑪竇也不得不面對對食欲的思考。在這一點上，雖然雲棲袾宏透過殺生戒來批判吃葷，但實際上他們都面臨著相似的問題意識。

中國伊斯蘭哲學

關於明代中國哲學，最後要討論的是「中國伊斯蘭哲學」。這一概念由堀池信夫在其著作《中國伊斯蘭哲學的形成——王岱輿研究》（二〇一二年）中提出，書中他也提到「李贄可能是穆斯林」的觀點，並試圖從這個角度對李贄提出詮釋。然而，如書名副標題所示，「中國伊斯蘭哲學」的核心人物是王岱輿（生卒年不詳）。王岱輿是明末清初的學者，活躍於十六世紀末至十七世紀中葉。

堀池信夫對王岱輿哲學的核心思想是這樣描述的：

> 王岱輿的目標是，先打破過去那些教義文本的謬誤，辯證阿拉（Allah）是比中國傳統的形而上概念更加絕對的存在，可說是「超—超越性的存在」。雖說如此，但他並沒有要全盤否定並揚棄中國傳統的各種形上概念，反而是在要將那些概念置於超凡絕對的阿拉之下，並賦予它們含意—將它們視為超越者（中間性的、相對性的超越者），透過它們使這個世界具體存在。前後這兩點的辯證，都被王岱輿視為重要的問題。（堀池信夫，《中國伊斯蘭哲學的形成—王岱輿研

究》，頁一六五）

換言之，王岱輿批評他之前在中國境內的伊斯蘭哲學，將阿拉的「超一超越性」與中國形上學中所預設的超越性混為一談。他指出，應該重新將阿拉視為「超越所有超越性的存在」，並且應將中國的各種形上學概念納入其中，將其看作是一種關於世界相對性的超越。

阿拉作為「超越性的存有」，又被稱為「真一」。這是出自於道教的概念。另一方面，與世界有相關性的相對性超越則被定義為「數一」。那麼，這兩種「一」之間究竟有何關聯呢？針對這個問題，王岱輿用了《大學》中「八條目」[1]的概念加以說明：

> 是故主僕分明，真數一定，然後始知明德之源。知明德之源，而後明明德，明明德而後真知，真知而後知己，知己而後心正，心正而後意誠，意誠而後舌定，舌定而後身修，身修而後家齊，家齊而後國治。（王岱輿，《清真大學》）

> 作者譯文：做出了主人與僕人的區分，定義出誰是真一、誰是數一後，我們才能了解明德

1　譯註：格物、致知、誠意、正心、修身、齊家、治國、平天下。此八項，被稱為「大學」的八條目。

之源。了解明德之源，就能闡明什麼是明德。闡明什麼是明德後，才能真正地明白理解。真正明白理解後，才能了解自己。了解自己後，心靈就會端正。心靈端正後，意念就會誠懇。意念誠懇後，就會舌定。舌定後，就能涵養自身行為。涵養自身行為後，家庭才能安定。家庭安定後，國家才能得到治理。

根據丁小麗的說法，「明德之源」對應的是「iman」，也就是「信仰」；「舌定」則是「shahada」（清真言），也就是對信仰的自白（丁小麗，〈回儒思想的研究：身為「原回儒」的王岱輿與《清真大學》〉，《東京大學宗教學年報》三十六，二〇一九年，頁七九－八〇）。儘管我們難以確定王岱輿的這些說明是否成功說服了他人，但可以清楚地看出，他在努力將伊斯蘭教與中國哲學，特別是朱子學展開融合。從他將著作命名為《清真大學》這一點，就表明了他的意圖。因為書名結合了「清真」與「大學」兩個詞彙，其中「清真」代表伊斯蘭教，而「大學」則是朱熹所編列的四書之一。

不僅如此，據說王岱輿還模仿利瑪竇的《天主實義》，寫下《正教真詮》一書；此外，他的《希真正答》中則是收錄了儒釋道、伊斯蘭教，以及世俗眾人之間的問答（同前揭書，頁七五）。

若是如此，明代的中國哲學可以說自始至終都被納入了世界性概念的循環之中。作為世界哲學的一部分，這標誌著中國哲學的一個重要里程碑，展現了它在全球思想交流中的地位和影響力。

延伸閱讀

荒木見悟，《新版 佛教與儒教》（研文出版，一九九三年）——此書的原版是《佛教與儒教：中國思想的元素》（平樂寺書店，一九六三年），是作者最早的主要著作。他在與佛教的對比中，加深了對陽明學的理解，至今仍不失新意。

中島隆博，《共生的實踐：國家與宗教》（東京大學出版繪，二〇一一年）——此書為筆者拙作，不勝惶恐，但在此書〈第二章 小人們的公共空間：明代思想〉和〈第三章 對「魂」的不同詮釋所體現的對「物」的態度：明末的佛教與基督教〉中，分別有陽明學之發展，以及明末佛教與基督教之對立的詳細描述，應能提供讀者參考。

堀池信夫，《中國伊斯蘭哲學的形成：王岱輿研究》（人文書院，二〇一二年）——「回儒」（穆斯林儒學者）的研究在近數十年中似乎有了長足進展，而此書正是在展示這些研究成果。此書不僅既深且廣地記述了以王岱輿為巔峰的中國伊斯蘭哲學的形成史，書中還談論到了有關「光」、「創造」等根本概念的哲學討論。

CHAPTER

ten

第十章

朱子學與反朱子學

藍弘岳

朱子学と反朱子学

一、朱子學的誕生與發展——從宋代中國到德川時代日本

前言

許多人認為東亞沒有哲學。確實，哲學起源於西方，但它透過翻譯等方式被東亞各國接受，使東亞的近現代知識分子也開始研究哲學。儘管在翻譯成日文、中文或韓文的哲學著作中，仍可見到儒教思想的影響；但另一方面，在現代學術界，我們也會運用哲學的框架和概念來詮釋和研究儒教思想。實際上，像萊布尼茲、克里斯蒂安・沃爾夫等西方哲學家也十分推崇儒教思想，並受到其影響（井川義次，《宋學的西遷》）。這是因為儒教思想與西方哲學一樣，關注自然與人類社會的關係，以及探討人類存在的實際狀態等問題。

儒教思想，尤其是朱子學，與西方哲學有著某些共通之處。從這個角度來看，發展於東亞的儒教思想也可以說是世界哲學史的一部分。本文所要探討的，不僅僅是已成為世界哲學史一環的朱子學，同時也會涉及反對朱子學的思想發展。

朱子學的誕生與其內容概要

儒教是對成書於中國秦漢以前的《詩》、《書》、《易》、《禮》、《春秋》等經書展開解釋而形成的學問體系。這些經書在漢代得以完善，形成了今日流傳的樣貌。漢從漢代到唐

代，學者們主要發展訓詁學（即對經書中的詞義予以考證的學問），對這些經書展開細緻的考證與研究。到了宋代，隨著國際局勢和社會形勢的變化，受到佛教等思想的影響，儒教思想開始運用「理」、「氣」、「性」、「情」等概念展開哲學性的重新詮釋，取代了漢唐時期發展的訓詁學，最終形成了一種新的儒教體系。

宋代中國對同時代的遼、西夏、金乃至蒙古，抱有對等的「敵國」意識，並是一個由被稱為「天子」的皇帝掌握最高權力和權威的君主制國家。此外，宋代從唐代的貴族社會轉變為科舉官僚社會，這一變革使得個人（儘管在有限的範圍內）擁有平等機會參加科舉並成為官僚。正是在這樣的時代背景下，新的儒教思想——朱子學應運而生，這套思想體系用來解釋自然本身、自然與人類社會的關係、人類內在的心靈結構，以及中國與周邊國家的關係。

關於這套新的儒教思想體系，日本通常稱之為「朱子學」，而在中文中則通常稱為「宋明理學」。此外，為了區別同時代的陸象山學說及明代的陽明學（即「心學」），這一思想體系也被稱為「理學」或「性理學」。另外，還有「道學」或「宋學」等其他名稱。一般來說，朱子學發端於周敦頤，經由程顥、程頤兄弟及張載等人的發展，最終由朱熹集大成，形成了一個完整的思想體系。

然而，朱熹並未為這套思想體系撰寫一部完整的理論著作。與漢唐時期訓詁學所重視的「五經」相比，他更加看重「四書」。他不僅將哲學思想運用於《四書章句集注》（包括《論語》、《孟子》、《大學》、《中庸》）的註釋中，還透過《朱子語類》收錄的與門人問答，以及其文集《晦庵先生朱文公文集》等不同形式，進一步闡述其學說。隨著元代蒙古人為有效統治中國重新開辦科舉，朱子學逐漸被採納為科舉的標準解釋。從這一點來看，朱子學成為了當時的「國教」。

從哲學的角度來看，朱子學的首要特徵是以「理氣二元論」的觀點解釋自然與人世，將「天」視為「理」，不僅從「氣」的層面，更從「理」的角度詮釋儒教的「天人感應」（即天人合一）的思想。不僅如此，朱子學還運用了許多二元對立的概念，如「天理與人欲」、「理與氣」、「體與用」、「鬼與神」等，來構建其完整的思想體系。

但「理」和「氣」究竟是什麼呢？要解釋這兩個概念並不容易。根據朱子學專家的說法，「氣」有廣義和狹義之分。狹義的「氣」被看作是一種能量，而廣義的「氣」則涵蓋了物質的層面。此外，「氣」還可以進一步分為「陰陽」和「五行」。「陰陽」代表「氣」的動與靜的變化，而「五行」則可理解為不同類型的物質。人所處的這個自然世界，就是由「氣」構成的。至於「理」，則被視為推動「氣」運行的規律，也可以將「理」理解為統合並支配這些規律的原理。

此外，朱子學學者將人的心分為「性」和「情」兩個部分，並將「性」與「情」分別對應於「理」和「氣」。這一理論主張，人應依照「理」來行動，主動調整「氣」的混亂，改善自身的混濁狀態。為此，人應透過「格物」和「持敬」等方法，精進學問，修養身心，以成為賢者，甚至以聖人為目標。「格物」是指透過研究經書和探索自然來掌握「理」的修養方法；而「持敬」則是專注於一個對象，以充分發揮心思的善與原始功能的修養方式（參考土田健次郎，《江戶的朱子學》）。

由此可見，「理」和「氣」不僅被朱子學學者用來解釋世界的構造，還被用來闡明人際關係和心靈結構。朱子學因此與郡縣制度、科舉制度相結合，深深滲透到宋代以後的中國社會，對社會的政治、文化及教育產生了持續而深遠的影響。

德川時代日本對朱子學的接納與發展

如前所述，朱子學隨著中國社會的變化而誕生，並在鎌倉時代（一一八五—一三三三）由禪僧傳入日本。到南北朝時期（一三三六—一三九二）前後，日本的貴族與禪僧逐漸開始使用朱子學的經書註釋（新注）。在室町時代（一三三六—一五七三），儒學和漢文成為五山[1]僧侶的必備素養。到了江戶時代（一六〇三—一八六八年），甚至出現了身穿儒服、學習儒書並教授儒書的禪僧，其中最著名的便是藤原惺窩（一五六一—一六一九）。然而，惺窩的儒教思想並非完全源於朱子學，他還吸收了中國明末主張儒、釋、道三教合一的思想。他的門下弟子包括林羅山（一五八三—一六五七）和松永尺五（一五九二—一六五七）等人（參考土田健次郎，《江戶的朱子學》）。

一六三〇年（寬永七年），林羅山在江戶的上野忍岡開設了家塾。到林鵞峰（一六一八—一六八〇）這一代時，此處開始被稱為「弘文館」。一六九〇年（元祿三年），弘文館遷至昌平坂，成為德川幕府直轄的學問所[2]。從元祿年間開始，這間學問所成為德川時代儒教思想教育的中心。著名思想家荻生徂徠（一六六六—一七二八）年幼時也曾在這被稱為「弘文館」的林家家塾中接受教育（平石直昭《荻生徂徠年譜考》）。另一方面，曾是日本政治與文化中心的京都，由松永尺五（一五九二—一六五七）於一六二八年（寬永五年）左右開設私塾。德川幕府第六代將軍家宣的侍讀新井白石（一六五七—一七二五）、室鳩巢（一六五八—一七三四）等人都是出自這間私塾。一六三五年（永寬十二年），批判林羅山的中江藤樹（一六〇八—一六四八）在近江[3]設立了藤樹書院，其門下有弟子如熊澤蕃山（一六一九—一六九一）等人。一六五五年（明曆元年），山崎闇齋（一六一九—一六八二）在自家設立講席，一六六二年，伊藤仁齋（一六二七—一七〇五）也在自家創立儒學私塾「古義堂」。闇齋與仁齋的私塾分別位於京都堀川兩岸，形成鮮明對比，

1 譯註：寺院的等級制度中的一個級別，由上至下分別為「五山」、「十刹」、「諸山」、「林下」。
2 譯註：日本中世紀和近世的教育機關，是講授學問的場所。
3 譯註：位於今日的滋賀縣，與京都比鄰。

然而他們的教育內容與方法都是德川時代前期代表性的學術潮流，同時也是荻生徂徠大力批判的對象。

德川時代前期，由於天下太平及印刷技術的進步，朱子學不僅在江戶、京都等城市蓬勃發展，也滲透到了各地方，成為學子們的主要學習對象。從哲學史的角度來看，最受矚目的朱子學派當屬以山崎闇齋為中心的闇齋學派。山崎闇齋曾是僧侶，後來轉而研習朱子學。作為朱子學者，他對佛教提出批判，並以中國宋、元、明代的部分朱子學學者及朝鮮儒學家李退溪等人的思想為基礎，建立了以「敬」為核心的「敬義學」。他高度重視「持敬」的修養方法論，並且依循嚴格的道德主義（moralism）發展其思想。同時，他還將〈神代卷〉[4]中記載的日本神話帶入其思想。他指出「土金」（tsutsushimi）[5]與敬義學的「敬」（tsutsushimi）在發音及意象上契合，並以「土金之傳」為根本教義，創立了垂加神道。（澤井啟一，《山崎闇齋》）

二、反朱子學在德川時代日本的發展——以徂徠學為中心

反朱子學的先鋒人物——伊藤仁齋

德川時代前期，朱子學在日本社會中日漸興盛，但同時也有人對此產生質疑。經過一番掙

扎與深思，最終舉起反對朱子學大旗的，正是伊藤仁齋。仁齋大約在三十五至三十九歲之間，開始擺脫朱子學的影響，並根據京都町人社會[6]的實際情況，從尊崇《孟子》、《論語》的立場出發，重新詮釋儒教經典，進而創立了「古義學」。而這門「古義學」後來成為荻生徂徠在學習過程中，必須加以超越的對象。

順帶一提，由於仁齋的思想與明代氣學思想家有相似之處，因此有人認為他可能受到明代思想家吳廷翰（一四九一——一五五九）的影響。然而，仁齋並不像明代氣學思想家那樣，深入討論以陰陽五行之「氣」為基礎的心性論。（參考渡邊浩，《近世日本社會與宋學 增補新裝版》）荻生徂徠在向仁齋學習的過程中，批判了仁齋對《孟子》的高度尊崇，並在此基礎上奠定了自己的儒教思想體系。他和伊藤仁齋一樣，都不是所謂的氣學思想家，也未以「氣一元論」來批判「理氣二元論」。相反地，徂徠更是排斥以「理」和「氣」推導出天人感應的觀點。

---

4 譯註：日本流傳至今最早的正史《日本書紀》的第一、二卷，內容是講述日本古代的神話。

5 譯註：中國五行說有「土生金」的想法，認為金是由土轉變而來。闇齋認為，正如土能凝縮成金，人也該透過在心中立定準則，建立「金氣」，以修養心靈，使原本鬆散的心變得堅實。

6 譯註：以町人為主的社會，町人是江戶時代居住在都市的工匠與商人的總稱，當時社會分工細緻化，商人獲得龐大的財富，工匠擁有高超的工藝技術，町人的重要性大大提升，形成了一種獨特的社會文化。

徂徠與醫學

徂徠在青年時期，曾深入鑽研並思索受到朱子學影響的李朱醫學（即金元四大家中的李東垣和朱震亨的醫學）。這與他父親所學的曲直瀨學統（曲直瀨道三學統）的醫學有密切關係。曲直瀨學統的醫學流派是一種兼收並蓄的實踐方法，強調中國與日本的風土差異，但基本上仍以李朱醫學為基礎。（參考矢數道明，《近世漢方醫學史》）徂徠透過朱子學或李朱醫學來理解陰陽五行等概念。雖然朱子學這套博大精深的學問體系是建立在形上學層次的「理」所主張的天人感應論之上，但它並未否定以「氣」為基礎的自然觀，並且間接肯定了由「氣」所支撐的「災異說」與「運氣論」。朱子學以「氣」的自然觀為內核和基礎，發展了「理」的學問。（溝口雄三等人，《中國的視角》）

對此，徂徠在青年時期曾寫下一篇名為《徂徠先生醫言》的文章，強調陰陽五行與「干支」作為概念媒介所具備的建構性以及作為認知手段的特質，並以自然氣象來解釋人體病因，試圖透過譬喻性的語言來理解各種現象。當時，雖然他能夠從知識論的框架理解朱子學，但尚未找到能夠完全否定並取代它的「典範」（paradigm）。然而，他後期思想中的「天的不可知性」（活物性的自然觀）與「人的特殊性」（擁有心靈、欲望、生命）等觀念，早在他的初期醫學論述中已顯現出來。正是這些思想，最終促使他跳脫了朱子學的框架。徂徠在四十歲前後接觸到明代古文辭派，這成為他創立獨特儒教思想體系的重要契機。

徂徠與古文辭派

明代古文辭派是活躍於十五世紀下半葉至十六世紀上半葉的文人團體，主張「文必秦漢，詩必盛唐」為創作標準。李攀龍（一五一四—一五七〇）和王世貞（一五二六—一五九〇）是該派的代表人物。他們批判那些受「唐宋派」等文學流派及朱子學影響的知識分子，認為其文章過度注重「理」，顯得因襲守舊，而且「修辭」不足，未能遵循古文辭固有的「法」。古文辭派推崇秦漢時期的古文與盛唐時期的詩，強調這些時期的創作與理解方法，並倡導其詩文理論的重要性。

明代古文辭派的著作自江戶時代初期以來，以各種形式廣泛流傳，並在徂徠的解讀下賦予了決定性的意義。徂徠基於《譯文筌蹄》等漢字漢文研究的成果，準確掌握了明代古文辭派對朱子學的批判意涵及其詩文觀的轉變意圖，並正確理解了該派詩文論試圖實現「典範轉移」（paradigm shift）的目標。在此基礎上，徂徠進一步打磨出一套方法，克服以和訓方式學習漢文所帶來的弊端，使其能夠創作並解讀優美的漢詩文。同時，徂徠以批判性視角看待以「理」為核心的文學觀念所伴隨的唐宋古文（即「宋調」的漢詩文），並得出結論：必須模仿並熟習盛唐以前的詩作、秦漢以前古文辭中的「辭」，以及構成這些「辭」的「法」。

徂徠的古文辭學不僅是一種詩文論或漢詩文創作與解讀的方法論，還透過解讀包括儒教經典在內的「古文辭」原典，掌握「古言」，進而發展出徂徠的儒學體系，體現在《辨道》、

《辨名》、《論語徵》等著作中。這種方法不同於以靜態的字義解釋訓詁學，是徂徠在深入理解古文辭作為漢詩文學的過程中逐步創造出來的。透過這種文學方法，徂徠不依賴抽象的「理」或「仁義之說」，而是直接從經書文章中的「古文辭」來解讀歷史事實，以及聖人所制定的制度與規範中的關鍵漢字概念（如「仁」等），從而創立出一套與朱子學不同的儒學理論。

徂徠對朱子學的批判

正如徂徠曾言：「學問乃探究歷史之事」（《徂徠先生問答書》），他不僅從歷史的角度認識日本，也認識中國。在徂徠眼中，朱子學學者受到宋代以後的「郡縣」、「科舉」、「法律」等當代制度的限制。徂徠在一定程度上理解朱子學學者因環境侷限，在對古代典籍和制度的理解與運用上，必須訴諸於「理」。然而，他對朱子學學者「以今言視古言」的觀點，以及用「語言」來解釋「聖人之道」、訴諸「理」與「心」的做法提出批判，認為這種做法受到了佛教和老莊思想的影響，並且以韓愈和孟子的思想為媒介，形成了依據「心」和「語言」的「心學」研究方法。

不僅如此，徂徠也清楚地意識到，宋代以後「理學」（朱子學）已滲透到「文章經濟，乃至醫學、占卜等各種雜書」。他批評朱子學學者將「擴天理，遏人欲」視為修身養性的終極目標，並將「理」作為做學問的核心。尤其是，徂徠認為，朱子學學者所建立的「天理」與「人欲」的二元對立，成為強迫他人認同其觀點的手段。他進一步指出，朱子學者根本誤解了「聖人之道」中「文」的本質，最終淪為了一種「戎狄之道」。（《辨道》）

雖然徂徠未明確指出，但他認為，由於「理」具有這種主觀性和強迫性，當皇帝和官僚將他們的話訴諸於「理」時，就有濫用法律的可能性，因為法律是建立在語言之上的，而訴諸「理」後，這些語言就成為了命令。在徂徠看來，朱子學不懂得施政需要考量「情」（人情），因此他認為作為政治思想，朱子學遠遠不及韓非子的法家思想。雖然朱子學學者學習孟子，對理想的王道政治高談闊論，並試圖將其應用於現實政治中，但朱子學本身卻有可能因為不通人情世故，最終淪為一種強迫性的統治術。

徂徠的「聖人之道」論與其政治思想

在徂徠的觀點中，朱子學誕生於與德川政治體制不同的郡縣科舉體制，因此無法直接應用於德川政治體制的改革。為此，他參考同樣是封建體制的古代「三代」制度，試圖從中尋找可以運用的思想資源。所謂的「聖人之道」，指的就是夏商周三代及更早之前中國聖人們所創立的歷史性禮樂制度。由於每個時代的風俗習慣各不相同，聖人們所建立的禮樂制度是對上個朝代制度予以「損益」（即修正、補正）的結果。（《辨名》）

徂徠透過重新詮釋經書，將「聖人之道」及其政治觀呈現於世人面前。例如，關於《論語》中「為政以德」一章，徂徠將其解釋為「任用有德之人」（《論語徵》甲），與舊注所說的「有德之人治國」有所不同。徂徠屏棄了舊注的解釋，提出了不同的詮釋。過去的解釋認為，君王若要實踐理想政治，必須自己成為道德崇高的聖君來教化百姓；然而，徂徠並未朝此方向詮釋，而是認為君王應該任用有「德」之人，而非自己成為那個有「德」之人。根據徂徠的說法，「孝」和「悌」等來自人自身的「性」，即做人最基本的道德，是不必學習就能擁有的「德」。相對地，另一種「德」則是針對特定工作而來，藉由教育在一個人身上培養出的「性」，即君子之德，並與禮樂相關。徂徠在其以「候文」等和文撰寫的著作中，使用了「器量」一詞來說明這種「君子之德」，其中最重要的是「仁」。

徂徠曾說過「文學與政事皆由仁出」（《論語徵》丁），但他反對後世儒學家將「仁」解釋為「天理」、「愛」或「性」等觀點（《辨名》）。對他而言，以「仁」治國的「仁政」，應如同上天滋養萬物，作為政治主體的君臣應懷有尊敬上天並滋養人民的決心，而且確實履行這樣的政治，才是「仁政」。因此，擁有「仁德」的君子應具備的行為是「敬天」、「安民」（仁），以及「知人」（智）。

特別是「敬天」，徂徠認為「敬天」是「聖門第一義」，也是「六經」中所有「聖人之道」的根本。他指出，「古文辭」中的「敬」是指「有所尊重，有所崇拜，不怠慢」（《辨名》）。「敬」與「恭」的主要差別在於，「恭」以自身為中心，而「敬」則必須有外在應當尊敬的對象。（《辨名》）換言之，「敬」的行為必定指向一個應當尊重的外在對象。相較之下，朱子學的「持敬之說」將「天」解釋為「理」，並詮釋為「天在我」。徂徠根據他對「敬」的詮釋，批判了朱子學的「持敬之說」，並以此為基礎發展出他的全新儒家學說。

關於上述敘述，徂徠指出「禮以敬為本。即敬天、敬祖宗」。（《論語徵》）他認為，「禮」作為「道」的核心，可以看作是一種秩序原理和規範制度，用來規範君子與「天」、「祖宗」（鬼神）等應敬之對象之間的關係。然而，徂徠試圖摒棄自孟子以後儒家將「禮」視為內在「德」的觀念，重新構建古代儒家的思想體系，回歸「禮」的原始功能，即作為外在的秩序和規範。

徂徠的政治思想不同於支持後世「郡縣之世」君主制的儒家或法家思想，或許可以稱之為一種以「封建」體制為前提的「仁政」。在這種「仁政」中，雖然能夠看到對政治主體性與政治責任的追求，但人民依然被賦予固定的階級地位，並允許透過法律對人民實行差別化的統治。從這個角度來看，徂徠的思想確實帶有法家式權力政治的色彩，同時也可以說是一種反民主主義的儒家思想。（參考渡邊浩，《東亞的王權與思想》）

三、徂徠學在東亞的發展

徂徠學於江戶後期的發展

徂徠的思想在德川時代的社會內部，以各種形式受到批判與傳承。由於其門下弟子如服部南郭（一六八三—一七五九）、山縣周南（一六八七—一七五二）、太宰春台（一六八〇—一七四七）等人的積極活動，徂徠的思想對德川時代後期的文藝與思想發展產生了深遠影響。服部南郭的流派帶有文人意識，重視漢詩文創作，這不僅推動了古文辭學在狂歌、戲作等江戶文藝中的發展，其強調修辭之美的文學論也對日本國學產生了影響（參考日野龍夫，《徂徠學派》）。

徂徠從歷史觀點詮釋「聖人之道」，透過經書研究掌握古代中國的歷史，因此他在《徂徠集》、《南留別志》等著作中，探討了古代中國、朝鮮與古代日本的歷史關係。這些成果不僅促進了國學研究者對古代日本史的研究，也推動了後期江戶學的發展。

相較之下，從重新建構經書研究與儒家思想的角度來看，太宰春台的思想尤為值得重視。春台以徂徠對朱子學和孟子的批判，以及「聖人之道」論為基礎，重新組建了徂徠學，並發展出一套獨自的學問。與徂徠不同的是，春台在理解「聖人之道」時，不僅依據「六經」和《論語》，還特別重視《孝經》（尤其是《古文孝經》）。此外，作為此思想的延伸，春台還對孔安國（前一五六—前七四）編纂的《孔子家語》給予高度重視。在這種思想立場與方法上，春台比徂徠更注重「五倫」（特別是「孝」）和君臣秩序的絕對性，並特別關注與宗族相關的各種制度，將這些制度視為古代中國封建體制的重要組成部分。

春台與徂徠相同，認為應積極參考中國封建體制下的各種制度，改革德川時代的日本封建體制。然而，春台在其以和文撰寫的著作《聖學問答》、《辨道書》等書中，採取了更為基本教義派的態度，從古代中國的標準出發，嚴厲批判日本的制度與習俗，並試圖將這些制度應用於當時的日本。因此，春台的思想引發了眾多反對意見。賀茂真淵（一六九七—一七六九）的《國意考》、本居宣長（一七三〇—一八〇一）的《直毘靈》、平田篤胤（一七七六—一八四三）的《呵妄書》等著作，雖未直接點名批評，但其觀點顯然是在反駁春台的思想。雖然春台的思想將徂徠學中較為含蓄的部分以更為明確的形式展現出來，但同時也對徂徠學有所曲解。從反面來看，春台的思想對日本國學研究者與神道家的思想產生了極大的刺激與啟發。

此外，由於春台比徂徠更加重視唐音，他的弟子中有一位專門研究漢字音韻學的僧侶，名叫文雄（一七〇〇—一七六三）。文雄在研究《韻鏡》的過程中撰寫了《魔光韻鏡》一書。從這個角度來看，徂徠學派與江戶時代漢字音韻學的發展有著密切關聯。當然，除此之外，荻生徂徠本人也投入過漢字研究，並撰寫了《譯文筌蹄》等著作，這些研究甚至啟發了後來蘭學研究者對荷蘭語的研究。

徂徠本人的學問並非以回歸漢代的古註釋為目的，但由於他以重新建構「聖人之道」為目標，鼓勵弟子們整理並閱讀朱子學以前的古註釋。徂徠的弟子山井崑崙（一六九〇—一七二八）與根本遜志（一六九九—一七六四），耗時約三年，在足利學校[7]中整理、校勘古籍。在山井崑崙的努力下，《七經孟子考文》（一七二六年，享保十一年）得以出版。之後，徂徠的另一位弟子荻生北溪（一六七三—一七五四），在同門宇佐美灊水（一七一〇—一七七六）等人的協助下，進一步校正與補充該書，並於一七三一年（享保十六年）出版《七經孟子考文補遺》。山井崑崙的研究主要依據足利學校所收藏的《易》、《書》、《詩》、《禮》、《春秋》、《論語》、《孝經》以及《孟子》的古鈔本、宋刊本、明刊本展開校勘。大約在一七五〇年，根本遜志也出版了《論語集解義疏》一書。由此可見，「徂徠後學」十分重視宋代以前的古註釋，並致力於經書的校勘工作。

傳入清朝中國與朝鮮王朝的徂徠學派之著作

江戶末期，昌平坂學問所的教授安積艮齋（一七九一—一八六一）指出，徂徠學派的著作中有許多「妄說」（虛妄的說法），但相比於日本朱子學學者的著作，徂徠學派的作品確實更受到「西儒」（指清朝中國的學者）的關注。

前面提到的《古文孝經》、《七經孟子考文補遺》、《論語集解義疏》等著作都曾被引入中國。此外，像是收錄《辨名》、《辨道》、《大學解》、《中庸解》、《徂徠集》、《論語徵》等作品的《論語徵集覽》，以及太宰春台的《論語古訓》、《論語古訓外傳》、《詩書古傳》也傳入了中國（參考藤塚鄰，《論語總說》）。在這些徂徠學相關的著作中，最為清朝儒者所熟知的主要是《七經孟子考文補遺》、《古文孝經》、《論語集解義疏》以及徂徠的《論語徵》。

收錄在《四庫全書》和鮑廷博（一七二八—一八一四）編纂的《知不足齋叢書》中的《七經孟子考文補遺》，受到了清朝考據學學者的高度評價。盧文弨（一七一七—一七九五）在閱讀此書後，曾感嘆：「歎彼海外小邦，猶有能讀書者。」阮元（一七六四—一八四九）也從經書校勘的角度對該書表示讚賞。《知不足齋叢書》和《四庫全書》還以《古文孝經孔氏傳》的名義收錄了太宰春台編纂與校勘的《古文孝經》，使得該書廣泛流傳。然而，到了清朝中期，該書的真實性一直備受爭議。

那麼，徂徠的《論語徵》是如何被清朝學者理解的呢？《論語徵》曾被引用於吳英的《經句說》、翁廣平的《吾妻鏡補》、狄子奇的《經學質疑》、劉寶楠的《論語正義》以及俞樾的《春在堂隨筆》等書中。學者錢泳曾重新編纂《辨道》和《辨名》，撰寫自序，並根據《先哲

7　譯註：位於櫪木縣的西南部，被譽為日本最古老的學校，支撐了以儒學為中心的近代日本教育。

叢談》撰寫〈日本國徂徠先生小傳〉，以《海外新書》為題出版。在讀過徂徠《論語徵》的人當中，最著名的是劉寶楠的《論語正義》，但他僅引用了兩處。而《春在堂隨筆》雖引用了十七處，卻未做出任何評論。最積極引用並批評《論語徵》的，是吳英的《經句說》。該書共引用《論語徵》十一處，但只有兩處給予了正面評價。不過，吳英並未真正理解徂徠的「聖人之道」論，而是僅針對徂徠的孟子論提出批評。

清朝中期，徂徠學派的著作傳入中國，逐漸受到清朝文人的關注與接納。到了清末，出現了一些曾長期滯留日本的中國文人，如黃遵憲（一八四八—一九〇五）、唐才常（一八六七—一九〇〇）和章太炎（一八六九—一九三六）等。黃遵憲在《日本國志》一書中，簡明而準確地介紹了徂徠學的脈絡、古文辭學的方法論，以及徂徠脫離宋學的儒家思想精華和重要著作。此外，章太炎對荻生徂徠與太宰春台師徒二人的經學研究曾有評價，稱其「訓詁考證，時有善言」，但認為其學術水平不及清朝考據學大師戴震（一七二四—一七七七）和段玉裁（一七三五—一八一五），並指出因語言差異，他們恐怕無法理解周秦以前的音韻（《太炎文錄初篇》）。章太炎的這番徂徠論，反映了中國文人看待日本漢學時的某種成見，帶有華夷意識的影響，這種觀點不免顯得偏頗。事實上，德川時代的日本在漢字音韻學上已有顯著發展，徂徠學派也對此作出了相當的貢獻。然而，從清朝考據學強調縝密經書註釋的立場來看，徂徠等人的著作確實難以被視為完全成熟的作品。

相反地，朝鮮王朝早在一七六四年便有甲申通信使[8]元重擧（一七一九—一七九〇）在《和國志》一書中介紹了徂徠學派的內容。書中引用了《荻生徂徠文集》，由此可見，元重擧應該讀過此書（參考河宇鳳，《朝鮮王朝時代的世界觀與日本認知》）。元重擧理解了徂徠在古文辭學中的立場，以及他對孟子和宋學的批判特徵，並稱徂徠為「奇偉大特拔之才」，肯定徂徠「以華音教其弟子韻書」的做法。他還稱讚太宰春台在「辯論」方面更勝於徂徠。受元重擧的影響，李德懋（一七四一—一七九三）在《蜻蛉國志》（一七七八）中也提及了徂徠和春台的學說。

真正深入閱讀徂徠學派的經書註釋與思想的，則是朝鮮學者丁若鏞（一七六二—一八三六）。丁若鏞在〈日本論〉中，根據伊藤仁齋、荻生徂徠和太宰春台的學說，主張徂徠等人所論述的「經義」極具文采，展現出高度文明，因此認為無須擔心日本會侵略朝鮮。這顯示他確實深入閱讀過徂徠、春台等人的經書註釋。此外，丁若鏞的主要著作《論語古今注》大量引用了徂徠學派的內容，但引用的唯一來源是《論語古訓外傳》。丁若鏞與徂徠學派一樣批評朱子學對經書的註釋，但在人性論等方面的解釋則有所不同（參考李基原，《徂徠學與朝鮮儒學》）。因為他依然堅持以孟子為尊的儒家思想。

8 譯註：一七六四年朝鮮王朝向日本派遣的使節團，甲申為該年分的干支。

對於將清朝文化引入朝鮮多有貢獻的金阮堂，他也透過阮元的介紹閱讀過《七經孟子考文》。此外，金邁淳（一七七六—一八四〇）指出，太宰春台在《論語古訓外傳》中的觀點，與阮元在《性命古訓》中的論點有相似之處，並探討了他們對待孟子的態度差異。更重要的是，清朝的梅曾亮（一七八六—一八五六）在閱讀了金邁淳的論點後，也表示贊同這種批評，並抨擊徂徠和春台對孟子的批判，稱他們是「異端之尤者」。

除了通信使，燕行使也將清朝考據學學者所著、論及徂徠學派的書籍帶入朝鮮。此外，朝鮮文人對徂徠學派的論述也在清朝中國被閱讀。從這個角度來看，徂徠學派的經學在十九世紀的漢文圈中大多受到批判，卻也逐漸成為了共同的知識體系。徂徠學派所建立的思想體系甚至批判孟子，這使得它比其他批判朱子學的思想顯得更為獨特。儘管可以看到部分文人引用並討論了徂徠學派的經書解釋，但徂徠學派在日本以外究竟具有多大的影響力，仍需要進一步深入探討。

結語

朱子學是宋代以後在中國郡縣科舉社會中產生的思想體系，繼承了孟子以後重視心性修養的學術傳統。與之相反，徂徠的思想體系則是受到明代古文辭派著作的影響，與朱子學尊崇孟子的思潮有所不同，並由太宰春台等人繼承。從世界哲學史的角度來看，徂徠的思想在以孟子與朱子學（乃至陽明學）為基礎的東亞儒家哲學史中，顯示出高度的獨創性，但也因此受到批評。有時徂徠的思想被歸入荀子或法家系統，但這種分類未免過於草率。可以理解的是，徂徠試圖復興古代儒家思想，而《荀子》確實對他的思想形塑有著重要影響。徂徠學作為脫離宋學而發展的古學[9]，在東亞漢文圈中具有獨特地位。筆者認為，徂徠學或許可以被視為最具獨創性且具有系統性的古學。

儘管對於「聖人之道」的內容有不同的理解，徂徠學與清朝考據學在本質上都有一個共同的目標，即透過對古代歷史、語言和文字的考證，重新構建「聖人之道」。然而，在思想史上，徂徠學不僅影響了江戶後期的漢學（特別是後期的水戶學），也對日本國學、蘭學等的發展產生了深遠影響，對江戶中後期的文藝與學問做出了卓越貢獻。從這個角度來看，徂徠學作為一門反朱子學的學問，雖然常被視為反儒家思想（批判傳統勸善懲惡的文學觀，以及反對當時中國的學術態度，尤其是在服部南郭派別和國學相關學問中有所體現），但它在日本國族主義的發展以及西方技術文明的接納過程中，間接發揮了重要作用。因此，徂徠學的思想被視為具有某種近代性或

9 譯註：江戶時代日本儒家的一派，以山鹿素行、伊藤仁齋與荻生徂徠為代表。這派主張要按古文原意看經典，特別反對理學。這派也是日本國學的先驅，後來被幕府以敗壞風俗為由禁止。

日本性的特色。

此外，徂徠學也傳入了同時代的清朝中國與朝鮮王朝。徂徠自身古文辭學具有高度的文學性，但在清朝考據學學者眼中，這種學問仍顯得不夠成熟。儘管如此，這兩門學問相較於重視心性的傳統儒學，更注重古代中國經書中的漢字與語文研究。因此，從這個角度來看，對於徂徠學與清朝考據學之間的比較研究，確實還有必要展開更深入的探討。實際上，徂徠學派的校勘學應該大大刺激了清朝考據學家在校勘學方面的發展。此外，清朝考據學的著作在江戶後期傳入日本後，也廣泛流傳。雖然此處無法深入展開討論，但筆者認為，我們需要進一步探討這些著作對德川時代後期思想形成所產生的具體影響及其作用。

延伸閱讀

土田健次郎，《江戶的朱子學》（筑摩選書，二〇一四年）——此書是對中國的朱子學擁有深厚知識的土田健次郎所寫的日本朱子學的概說性書籍。書中條理清晰地說明了朱子學與朱子學在日本的發展等。關於這個主題，也可與渡邊浩的《近世日本社會與宋學（增補新裝版）》和黑住真《近世日本社會與儒教》一併閱讀。

平石直昭，《荻生徂徠年譜考》（平凡社，一九八四年）——這是研究荻生徂徠的人不可或缺的一本書。此書以縝密的考證，詳細論述了與徂徠有關人物之事蹟。同時也推薦給對江戶中期的知識分子社會有興趣的讀者。想更深入了解作者平石直昭的近世思想史論的讀者，不妨與他的《日本政治思想史：以近世為中心》一併閱讀。

高山大毅，《近世日本的「禮樂」與「修辭」》（東京大學出版會，二〇一六年）——此書清晰地說明了江戶後期的文人儒者如何繼承並發展荻生徂徠的禮樂論與文學論。推薦給對於「江戶後期的徂徠學的發展」有興趣而想更深入了解的讀者。關於這個主題，也可與日野龍夫的《徂徠學派》、小島康敬的《徂徠學與反徂徠》、島田英明的《歷史與永遠》、板東洋介的《從徂徠學派到日本國學》一併閱讀。

藍弘岳，《漢文圈的荻生徂徠》（東京大學出版會，二〇一七年）——此為筆者拙作，這是一本與本章內容相關的研究書籍，從整個東亞的視角探討徂徠學問的形成與發展。如果希望進一步了解徂徠學的東亞文學史和思想史觀點，不妨參考這本書。此外，若想從整個東亞學術界的視角了解江戶儒家的相關研究，可以與渡邊浩的《東亞的王權與思想》、澤井啟一的《作為「符號」的儒學》、小島毅的《近代日本的陽明學》、《儒教所支撐的明治維新》、中村春作的《徂徠學的思想圈》一同閱讀。

後記　山內志朗

值得關注的是，在西方中世紀哲學的發展過程中，末世論思想充斥人心。弗洛拉的約阿希姆（Joachim of Fiore）之所以為大眾接納，似乎正是建立在一種末世的矛盾情感上——世界末日帶給人的絕望般的危機感，以及對末日之後的新世界的期待感。那勢必是個充滿緊張氣氛的時代，歐洲各地源源不絕的異端思想、對異端者的激烈鎮壓、十字軍、黑死病、沉重的稅金等現象，彷彿都在預示著末日的接近。

我們身處二十一世紀，同樣面臨著一種末世論般的局勢。二十一世紀以九一一恐怖攻擊事件為開端，哲學在經歷了「語言學轉向」（linguistic turn）之後，已為「伊斯蘭轉向」（Islamic turn）做好準備，進入了一個新的哲學階段。毫無疑問，世界哲學史必須將伊斯蘭潮流納入其中。我們已進入一個需要將印度、中國、日本，甚至南美、非洲都納入同一哲學範疇加以思考的時代。

二十一世紀充斥著各種末世論的氛圍，彷彿在等待著二十一世紀的約阿希姆現身。全球性的溫室效應、史上最嚴重的核電事故「福島核災」、日益加劇的核武威脅、新冠病毒等，這些籠罩著我們生活的陰霾事件，讓人感到壓抑。理性主義的到來本應為人類帶來希望，然而，當今世間的種種現象卻似乎在告訴我們，理性已經放棄了對未來的信心。在這樣的局勢中，希望的根源究竟在哪裡？

約阿希姆曾為中世紀的人們帶來希望，而人們也在亞西西的方濟各身上見證了這希望的實現。那麼，現代的希望究竟在何處？

何謂近世？在西方中世紀，「inter-esse」（居於中間的存在、關係、關懷、利息、利害）被賦予正當性，並被視為如聖靈般在人與人之間流動、傳遞的事物。到了近世，出現了一種新的體系，這種體系一方面將「inter-esse」內聚於自身，另一方面則透過投資來實現增值，而非僅僅累積儲蓄。這不僅是經濟學的問題，還涉及本體論、神學、倫理學與法學等領域。「inter-esse」的影響並未局限於西方，而是蔓延至全球，這正是近世的特徵所在。

哲學史同樣是透過時間回溯過去，但這並非為了逃避現實或沉溺於過去，而是如同羅馬神話中的雅努斯（Janus）[1]般，同時凝視過去與未來，以看清我們未來的走向。在這個過程中，東方與西方的區分並不存在。我們正處於一股可能從根本上摧毀這種區分的激流之中。

雖然如此，也許有人會質疑：一個對當今世界，甚至連這個狹小島國中所發生的事情都無法預測的人，如何能以權威的口吻講述五百年前的事呢？但如果不這麼做，豈不是只是在把「不可能」當作藉口，以防禦的姿態預先迴避他人的批評嗎？

與其讓哲學只像一隻夜幕降臨後才起飛的貓頭鷹，不如出現像馬克思這樣的人，期盼哲學能像公雞一樣在黎明時分報曉，這也未嘗不是一件好事。世界哲學史不僅是對歷史上先賢智者的致敬，更可以說是為他們撰寫的墓誌銘。

新冠病毒這個無形的惡魔正籠罩著全世界，不禁讓人聯想到十四世紀的黑死病。據信，黑死病曾奪走全球八千萬至一億條人命。儘管新冠病毒可能未至如此肆虐，卻已給我們帶來巨大的損失。但願這場疫情能早日平息。

在如此嚴峻的情勢下，本書仍在筑摩書房編輯部松田健先生不懈奉獻的精神下得以完成。身為編輯委員之一的我，謹此表達由衷的感謝。

1 譯註：羅馬神話中的門神，通常被描述成有前後兩張面孔，展望著過去和未來。

作者簡介

山內志朗（Yamauchi, Shirou）（前言、第一章、第三章、後記）

一九五七年生，慶應義塾大學文學部榮譽教授。東京大學大學院人文科學研究科博士課程中退。專攻西方中世紀哲學、倫理學。著有《普遍論爭》（平凡社library）、《天使的符號學》（岩波書店）、《「誤讀」的哲學》（青土社）、《小小倫理學入門》、《有感的經院哲學》（慶應義塾大學出版會）、《湯殿山的哲學》（普紐瑪社）等。

渡邊優（Watanabe, Yu）（第二章）

一九八一年生。東京大學大學院人文社會相關研究系副教授。東京大學大學院人文社會相關研究系博士課程學分取得後肄業。博士（文學）。專攻宗教學、西方近世神祕思想史。著有《尚－約瑟夫・蘇林：十七世紀法國神祕主義的光芒》（慶應義塾大學出版會）等書

Takahashi, Adam（高橋厚）（第四章）

一九七九年生。關西學院大學文學部副教授。慶應義塾大學大學院碩士課程修畢，荷蘭奈梅亨拉德伯德大學（Radboud University Nijmegen）哲學博士。專攻西方中世紀與文藝復興時期自然哲學史。著有〈作為阿威羅伊斯讀者的大阿爾伯特：對其在「論天與世界」與「形上學」中天界靈魂概念的研究〉（*Albert the Great as a Reader of Averroes: A Study of His Notion of the Celestial Soul in De caelo et mundo and Metaphysica*），收錄於《中世紀哲學傳統文獻與研究》（*Documenti e studi sulla tradizione filosofica medieval, 30, 2019*）等論文。

新居洋子（Ni, Yoko）（第五章）

一九七九年生。大東文化大學文學部歷史文化學科副教授。東京大學人文社會系研究科博士學位取得。專攻東洋史、東西思想交流。著有《耶穌會士與普遍的帝國：在華傳教士的文明翻譯》（名古屋大學出版繪）等書，以及〈學問知識與傳教：在華耶穌會士的順應之變革〉（齋藤晃編，《傳教與順應：執行全球性任務的近世》，名古屋大學出版會）等論文。

大西克智（Onishi, Yoshitomo）（第六章）

一九七〇年生。九州大學人文科學研究院哲學部門教授。東京大學大學院人文社會相關研究系碩士課程修畢。巴黎第一大學哲學系博士學位取得。專攻西方近世哲學。著有《意志與自由：一個譜系學》（知泉書館）、《西方哲學史III：「後現代」之前》（合著，講談社選書métier）等書，合譯有《笛卡兒全書簡集第四卷（一六四〇—一六四一）》（監譯，知泉書館）等書。

池田真治（Ikeda, Shinji）（第七章）

一九七六年生。富山大學學術研究部人文科學系副教授。京都大學大學院文學研究系博士後期課程修畢，文學博士。專攻西方近世哲學、數理哲學史。著有〈從虛構到實在：與無窮小的本性相關的萊布尼茲的數理哲學〉（《萊布尼茲研究》第五期）等論文，合譯有《笛卡兒 數學和自然學論集》（法政大學出版局）、《萊布尼茲著作集第II期》（工作舍）等書。

小倉紀藏（Ogura, Kizou）（第八章）

一九五九年生。京都大學大學院人類與環境學研究系教授。南韓首爾大學哲學系大學院東洋哲學專攻博士課程學分取得後肄業。專攻東亞哲學。著有《朝鮮思想全史》《入門 朱子學與陽明學》（以上為筑摩新書）、《朱子學化的日本近代》（藤原書店）、《創造的東亞》（春秋社）等書。

中島隆博（Nakajima, Takahiro）（第九章）

一九六四年生，東京大學東洋文化研究所教授兼所長。東京大學大學院人文科學研究科博士課程中退。專攻中國哲學、比較思想史。著有《惡之哲學：中國哲學的想像力》（筑摩選書）、《莊子：告知成為雞之時》（岩波書店）、《作為思想的言語》（岩波現代全書）、《殘響的中國哲學：言語與政治》、《共生的實踐：國家與宗教》（東京大學出版會）等。

藍弘岳（第十章）

一九七四年生。台灣中央研究院歷史語言研究所副研究員。東京大學大學院總合文化研究系博士課程修畢。專攻日本思想史、東亞思想文化交流史。著有《漢文圈的荻生徂徠：醫學、兵學、儒學》（東京大學出版會）等書。

松浦純（Matsuura, Jun）（專欄一）

一九四九年生。東京大學榮譽教授。東京大學大學院人文科學研究系碩士課程修畢。專攻德語德國文學。著有《十字架與玫瑰：不為人知的路德》（岩波書店）等書，譯有《浮士德博士（附木偶劇浮士德）》（國書刊行會）、路德最早期親筆資料校訂版（Böhlau Verlag）等。

金子晴勇（Kaneko, Haruo）（專欄二）

一九三二年生。岡山大學榮譽教授，聖學院大學總合研究所名譽教授。京都大學大學院文學研究系宗教學專攻博士課程學分取得肄業。京都大學文學博士學位取得。專攻歐洲思想史。著有《路德的人類學》（創文社）等書，合譯有《奧斯定神學著作集》（教文館）等書。

安形麻理（Agata, Mari）（專欄三）

一九七六年生。慶應義塾大學文學院教授。慶應義塾大學大學院文學研究系博士課程修畢。博士（圖書館與資訊學）。專攻西方目錄學。著有《數位目錄學的開端：谷騰堡聖經與其相關書籍》（勉誠書版）等書，譯有《西方活字的歷史》（慶應義塾大學出版會）等書。

伊藤博明（Itou, Hiroaki）（專欄四）

一九五五年生。專修大學文學院教授。北海道大學大學院文學研究科博士後期課程中退。專攻思想史與藝術論。著有《文藝復興的神祕思想》（講談社學術文庫）、《哲學的歷史四：文藝復興》（編著，中央公論新社）、《綺想的表象學》（Arina書房）等書。

年表

＊粗體字為哲學相關事項

西元	歐洲	北非、亞洲（東亞除外）	中國、朝鮮	日本
1260 年	**約 1260 年，埃克哈特出生（－約 1328 年）。** 1261 年，拜占庭帝國奪回君士坦丁堡，建立巴列奧略王朝（Palaiologos dynasty，-1453 年）。 **1265 年，但丁・阿利吉耶里（Dante Alighieri）出生。** **約 1265 年，鄧斯・司各脫出生（-1308 年），多瑪斯・阿奎那開始撰寫《神學大全》。**	**1263 年，伊斯蘭基本教義派的伊本・泰米葉（Ibn Taymiyyah）出生（-1328 年）。**		**約 1262 年，唯圓《歎異抄》成書。** **1263 年，親鸞卒。** 約 1266 年，《吾妻鏡》成書。
1270 年	**1270 年，納賀蒙尼德（Nachmanides）卒。** 馬可・波羅（Marco Polo）向東洋出發。 **約 1270 年，這個時期開始，拉丁阿威羅伊主義（Latin Averroism）者在大學中日益活躍。** **1272 年，亞伯維的傑拉德（Gerard of Abbeville）卒。** 1274 年，第二次里昂大公會議（Second Council of Lyon）。 **1275/80 年，帕多瓦的馬西略出生。** **1277 年，巴黎主教坦皮爾（Etienne Tempier）的禁令**	**1273 年，波斯語詩人札蘭丁・魯米（Jalal al-Din Rumi）卒。** **1274 年，哲學家暨天文學家納西爾丁・圖西（Nasir al-Din al-Tusi）卒。**	1271 年，大汗忽必烈將國號定為大元（元）（-1368 年）。 1275 年，馬可・波羅（Marco Polo）抵達元朝大都（北京）。 1279 年，南宋為元軍所滅。	1274 年，文永之役。 **1278 年，虎關師鍊出生（-1347 年）。**

西元	歐洲	北非、亞洲（東亞除外）	中國、朝鮮	日本
1280 年	約 1285 年，奧坎的威廉出生（–約 1347 年）。	1283 年，歷史學家阿拉烏丁・志費尼（Ala al-Din Juvayni）卒。 1284 年，光照哲學家伊本・坎穆那（Ibn Kammuna）卒。 1288 年，亞塞拜然的伊斯蘭神祕主義者馬哈茂德・沙貝斯塔里（Mahmoud Shabestari）出生（–約 1320 年）。	1280 年，郭守敬、許衡等人完成授時曆。	約 1280 年，《神道五部書》成書。 1281 年，弘安之役。 1283 年，無住的《沙石集》成書。
1290 年	1296 年，格雷格利烏斯・帕拉瑪斯（Gregory Palamas）出生（-1357/9 年） 1298 年，伯多祿・若望・奧利維卒。	1292 年，波斯語詩人薩迪・設拉茲（Saadi Shirazi）卒。 1295 年，伊兒汗國（Ilkhanate）改信伊斯蘭教。 1299 年，鄂圖曼帝國崛起。	1294 年，若望・孟高維諾（John of Montecorvino）主教赴中國傳教（-1328 年）。	1297 年，大覺出生（-1364 年）。
1300 年	約 1300 年，讓・布里丹出生（-1362 前後）。里米尼的貴格利出生（-1358 年）。 1304 年，弗朗切斯科・佩脫拉克（Francesco Petrarca）出生（-1374 年）。 1309 年，「教宗的亞維儂之囚」（-1377 年）。	1301 年，伊斯蘭神祕主義者阿齊茲丁・奈薩斐（Aziz al-Din Nasafi）卒。 1308 年，魯姆蘇丹國（Sultanate of Rum）滅亡。		

西元	歐洲	北非、亞洲（東亞除外）	中國、朝鮮	日本
1310年		1314年，哈馬達尼的《史集》成書。莫扎法爾王朝（Muzaffarid dynasty）建立。 1318年，伊朗的歷史學家拉施德丁被處以死刑。 1319年，伊朗的神祕主義哲學家海達爾·阿姆里（Haydar Amuli）出生（-1385年）。	1313年，重新舉辦宋朝滅亡後而中斷的科舉。	
1320年	約1320年，薩克森的阿爾貝（Albert of Saxony）出生（-1390年）。尼克爾·奧里斯姆（Nicole Oresme）出生（-1382年）。	1320年，圖格魯克王朝（Tughlaq dynasty）建立。 1325年，伊斯蘭教的聖人尼拉穆丁·歐里亞（Nizamuddin Auliya）卒。印度的波斯語詩人阿米爾·庫斯洛（Amir Khusrau）卒。 1325/6年，波斯語詩人哈菲茲·設拉茲（Hafez Shirazi）出生（-1389/90年）。 1326年，什葉派神學家阿拉瑪·希里（'Allamah al-Hilli）卒。		1320年，渡會家行《類聚神祇本源》成書。

西元	歐洲	北非、亞洲（東亞除外）	中國、朝鮮	日本
1330 年	約 1331 年，約翰・威克里夫出生（-1384 年）。 1337 英法百年戰爭開戰（-1453 年）。 約 1337 年，靜修論戰（hesychast controversy）（-1351 年）。	1332 年，歷史學家伊本・赫勒敦（Ibn Khaldun）出生（-1406 年）。 1336 年，伊斯蘭教神祕主義者阿拉・道拉・司姆納尼（Ala al-Dawla Simnani）卒。 1339/40 年，伊朗的文字神祕主義（letter mysticism）者法茲羅拉・阿斯塔拉巴迪（Fazlallah Astarabadi）出生（-1394 年）。		1330 年，吉田兼好的《徒然草》成書。 1333 年，鎌倉幕府滅亡。建武之新政。 1336 年，南北朝分裂。
1340 年	約 1340 年，哈斯代・克雷斯加（Hasdai Crescas）出生（-1410 年）。 1347 年，黑死病大流行（-1350 年）。	1347 年，巴赫曼尼蘇丹國（Bahmani Sultanate）建立於德干高原（Deccan Plateau）的中央地帶。	1346 年，伊本・巴圖塔（Ibn Battuta）抵達元朝大都。	1344 年，夢窗疏石的《夢中問答集》成書。
1350 年		1351 年，阿瑜陀耶王朝（Ayutthaya Kingdom）在泰國建立（-1767 年）。 1353 年，位在伊朗的伊兒汗國被滅。 1355 年，遜尼派神學家伊智（al-Iji）卒。	1351 年，紅巾之亂（-1366 年）。 1357 年，方孝孺出生（-1402 年）。	

西元	歐洲	北非、亞洲（東亞除外）	中國、朝鮮	日本
1360 年	約 1360 年，格彌斯托士・卜列東（Georgius Pletho）出生（-1452 年）。 1363 年，讓・熱爾松出生（-1429 年）。		1368 年，元朝大都被攻陷，明朝建立，朱元璋登基為皇帝。	約 1360 年，《神道集》成書。 1363 年，世阿彌出生（-1443 年）。
1370 年	1378 年，天主教會大分裂（-1417 年）。	1370 年，帖木兒帝國（Timurid Empire）建立於烏茲別克的中央地帶（-1507 年）。	1370 年，制定科舉制度。	約 1375 年，《太平記》成書。
1390 年	1396 年，尼科波利斯戰役（Battle of Nicopolis）中，鄂圖曼帝國擊敗匈牙利。	1390 年，遜尼派神學家塔夫塔札尼（Taftazani）卒。	1392 年，朝鮮王朝（李氏）建立（-1897 年）。 1397 年，洪武帝頒布《六諭》。	1392 年，南北朝統一。 1397 年，足利義滿興建金閣寺。
1400 年	1409 年，召開比薩大公會議（Council of Pisa）。	1402 年，安哥拉之戰（Battle of Angora）。	1405 年，鄭和下西方（-1433 年）。	1404 年，明朝與日本之間展開明日貿易。
1410 年	1414 年，召開康士坦斯大公會議（Council of Constance）（-1418）。 1415 年，揚・胡斯（Jan Hus）被處以火刑。	1414 年，賽義德王朝（Sayyid dynasty）（-1451 年）。波斯語的蘇菲派詩人雅米（Jami）出生（-1492 年）。	1415 年，《五經大全》、《四書大全》、《性理大全》成書。	
1420 年		1426 年，伊朗的哲學家、神學家暨法學家的札蘭丁・達瓦尼（Jalal al-Din Davani）出生（-1502 年）。		

西元	歐洲	北非、亞洲（東亞除外）	中國、朝鮮	日本
1430 年	1431 年，召開巴塞爾大公會議（Council of Basel）（-1449 年）。聖女貞德（Joan of Arc）遭處刑。	1432 年，南伊拉克的札剌亦兒王朝（Jalayirid Sultanate）滅亡。		
1440 年	約 1442 年，葡萄牙開始奴隸貿易。	1440 年，印度的宗教改革者卡比爾·達斯（Kabir Das）出生（-1518 年）。1445 年，喀山汗國（Khanate of Kazan）於俄羅斯建立。	1446 年，朝鮮王朝的世宗創制訓民正音（韓字）。	
1450 年	1452 年，吉羅拉莫·薩佛納羅拉（Girolamo Savonarola）出生（-1498 年）。李奧納多·達文西（Leonardo da Vinci）出生（-1519 年）。 1453 年，君士坦丁堡淪陷，帝国拜占庭帝國滅亡。 1455 年，玫瑰戰爭（Wars of the Roses）（-1485 年）。 約 1455 年，谷騰堡發明活字印刷術。	1451 年，洛迪王朝（Lodi dynasty）（-1526 年）於印度建立。		
1460 年	1462 年，彼得羅·蓬波納齊出生（-1525 年）。 1463 喬瓦尼·皮科·德拉·米蘭多拉出生（-1494 年）。柏拉圖學會（Platonic Academy）成立。 1466 年，伊拉斯謨出生（-1536 年）。 1469 年，尼可洛·馬基維利出生（Niccolò Machiavelli）（-1527 年）。	1461 年，伊朗的哲學家吉牙思丁·達修塔吉（Ghiy th al-Din Dashtaki）出生（-1542 年）。 1469 年，錫克教教宗那納克（Guru Nanak）出生（-1538 年）。		1467 年，應仁之亂（-1477 年）。

西元	歐洲	北非、亞洲（東亞除外）	中國、朝鮮	日本
1470 年	1473 年，尼古拉·哥白尼出生（Nicolaus Copernicus）（-1543 年）。 1477/8 年，湯瑪斯·摩爾（Thomas More）出生（-1535 年）。	1477 年，邏輯學家拉古納特·希羅摩尼（Raghunatha Siromani）出生（一約 1550 年）。 1478 年，托普卡匹皇宮（Topkapi Palace）於君士坦丁堡落成。	1472 年，王守仁（王陽明）出生（-1528/9 年）。	
1480 年	1482 年，貝納迪諾·德·拉雷多出生（-1540）。 1483 年，馬丁·路德出生（-1546 年）。 1484 年，朱利葉斯·凱撒·斯卡利傑出生（-1558 年）。 1485 年，英國建立都鐸王朝（Tudor dynasty）（-1603 年）。 1486 年，阿格里帕·馮·內特斯海姆（Agrippa von Nettesheim）出生（-1535 年）。		1483 年，王艮出生（-1540 年）。	
1490 年	1492 年，西班牙帝國攻陷奈斯爾王朝（Nasrid dynasty）的格拉納達，完成收復失地運動。哥倫布抵達西印度群島。 1494 年，義大利戰爭（Italian Wars）爆發（-1559 年）。 1497 年，菲利普·梅蘭克頓（Philipp Melanchthon）出生（-1560 年）。 約 1497 年，法蘭西斯科·奧蘇納（Francisco of Osuna）出生（-1542 年）。	1497 年，什葉派哲學家薩德爾丁·達修塔吉·設拉茲（Sadr al-Din Dashtaki Shirazi）卒。 1498 年，瓦斯科·達伽馬（Vasco da Gama）抵達科澤科德（Calicut）。	1491 年，吳廷翰出生（-1559 年）。 1496 年，錢德洪出生（-1574 年）。 1498 年，王畿出生（-1583 年）。	

西元	歐洲	北非、亞洲（東亞除外）	中國、朝鮮	日本
1500年	1506年，聖伯多祿大殿（St. Peter's Basilica）開始建設。	十六世紀初，那納克創建錫克教。 1501年，薩非王朝於伊朗西北部建立（-1736年）。伊斯邁爾一世（Ismail I）將什葉派定為薩非王朝的國教。	1502年，李滉（李退溪）出生（-1571年）。	
1510年	1515年，彼得呂斯·拉米斯（Petrus Ramus）出生（-1572年）。亞維拉的德蘭出生（-1582年）。 1519年，萊比錫辯論（Leipzig Disputation）。	1510年，葡萄牙占領果亞邦。 1511年，葡萄牙占領馬六甲。 1517年，鄂圖曼帝國占領埃及，馬木路克蘇丹國（Mamluk Sultanate）滅亡。		
1520年	1521年，沃爾姆斯議會（Diet of Worms）流放路德。 1522年，依納爵·德·羅耀拉在西班牙東北部的曼雷沙的洞穴中經歷神祕體驗。 1524年，德國農民戰爭（-1525年）。 1528年，豐塞卡出生（-1599年）。 1529年，鄂圖曼帝國軍隊展開維也納之圍（Siege of Vienna）。	1526年，蒙兀兒帝國成立（-1858年）。	1527年，高奇峯出生（-1572）。李贄出生（-1602年）。	

西元	歐洲	北非、亞洲（東亞除外）	中國、朝鮮	日本
1530年	1533年，雅各布·扎巴雷拉出生（-1589）。米歇爾·德·蒙田（Michel de Montaigne）出生（-1592年）。 1534年，依納爵·德·羅耀拉創辦耶穌會。 1535年，路易斯·德·莫利納出生（-1600年）。佩德羅·戈梅茲出生（-1600年）。 1538年，吉安巴蒂斯塔·德拉·波爾塔出生（-1615）；普雷韋扎海戰（Battle of Preveza）中，鄂圖曼海軍擊敗威西班牙、教廷、尼斯海軍，稱霸地中海。	1535年，伊朗的細密畫（miniature）畫家卡邁勒·烏丁·白札德（Kamal al-din Bihzad）卒。 1538舍爾沙（Sher Shah）於印度建立蘇爾王朝（Sur Empire）。	1535年，雲棲株宏出生（-1615年）。 1536李栗谷出生（-1584年）。	
1540年	1541年，約翰·喀爾文（Jean Calvin）於日內瓦展開宗教改革。 1542年，十字若望出生（-1591年）。 1548年，焦爾達諾·布魯諾（Giordano Bruno）出生（-1600年）；安東紐斯·魯比斯出生（-1615年）；弗朗西斯科·蘇亞雷斯出生（-1617年）。	1540年，蒙兀兒帝國的第二代皇帝胡馬雍（Humayun）被逐出蘇爾王朝，流亡伊朗。 1542年，沙勿略抵達印度。		1543年，葡萄牙船隻漂流至種子島。 1549年，沙勿略航至鹿兒島，基督教傳入。

西元	歐洲	北非、亞洲（東亞除外）	中國、朝鮮	日本
1550 年	**1559 年，英格蘭教會（Church of England）成立。**	1550 年，建築家米馬爾．希南（Mimar Sinan）於君士坦丁堡開始建造蘇萊曼尼耶清真寺（Süleymaniye Mosque）。	**1550 年，顧憲成出生（-1612 年）。** **約 1559 年，王啟元出生（-？）。**	1555 年，川中島之戰。
1560 年	**1561 年，法蘭西斯．培根出生（-1626 年）。** 1562 年，法國爆發宗教戰爭（-1598）。 **1564 年，伽利略．伽利萊出生（-1642 年）；**威廉．莎士比亞（William Shakespeare）出生（-1616 年）。	**1561 年，伊朗的神祕主義哲學家米爾．達馬德（Mir Damad）出生（-1631 年）。** 1564 年，蒙兀兒帝國的第三代皇帝阿克巴（Akbar）廢除對非穆斯林所實施的人頭稅（Jizya）。	**1562 年，繆昌期出生（-1626 年）。徐光啟出生（-1633 年）。** **1563 年，李睟光出生（-1628 年）。** 1566 年，葡萄牙人建設澳門。 **1568 年，魏忠賢出生（-1627 年）。**	1560 年，桶狹間之戰。 **1561 年，藤原惺窩出生（-1619 年）。**
1570 年	1571 年，勒班陀戰役（battle of Lepanto）中，西班牙和威尼斯的同盟艦隊擊敗鄂圖曼帝國海軍。 **1575 年，雅各．波墨出生（-1624 年）。**	**1571/2 年，伊朗的神祕主義哲學家穆拉．薩德拉（Mulla Sadra）出生（-1640 年）。**	1578 年，范禮安抵達澳門。	1573 年，室町幕府滅亡。 1575 年，長篠之戰。

西元	歐洲	北非、亞洲（東亞除外）	中國、朝鮮	日本
1580年	**1588年，湯瑪斯·霍布斯出生（-1679年）。馬蘭·梅森出生（-1648年）。** 1589年，法國接受波旁王朝（Bourbon dynasty）統治（-1792年）。	1582年，阿克巴創立丁伊拉賀教（Din-i Ilahi）。	1582年，利瑪竇抵達澳門。	1582年，大友宗麟、大村純忠、有馬晴信向羅馬教皇派遣少年使節團（-1590年）。 **1583年，林羅山出生（-1657年）。** 1585年，豐臣秀吉成為關白（天皇成年後的輔政大臣）。
1590年	**1596年，笛卡兒出生（-1650年）。**	1598年，薩非王朝遷都伊斯法罕。	1592年，壬辰倭亂（文祿之役）（-1593年）。 **1593年，費隱通容出生（-1661年）。** 1597年，丁酉倭亂（慶長之役）（-1598年）。	1590年，豐臣秀吉統一全國。 **1591年，日本首次使用活字印刷術。** **1592年，松永尺五出生（-1657年）。**
1600年	1600年，尚－約瑟夫·蘇林出生（-1665年）。焦爾達諾·布魯諾被處以火刑。	1600年，英國東印度公司成立。 1602年，荷蘭東印度公司成立。 1604年，法國東印度公司成立。	**1603年，《天主實義》刊行。**	1600年，關原之戰。 1603年，德川家康建立江戶幕府。 1609年，荷蘭於平戶設立商館。

西元	歐洲	北非、亞洲（東亞除外）	中國、朝鮮	日本
1610 年	1613 年，支倉常長等人赴歐（-1620 年）。 1618 年，三十年戰爭（Thirty Years' War）（-1648 年）。	1619 年，荷蘭在爪哇設置東印度總督，建設巴達維亞（Batavia）。	1610 年，黃宗羲出生（-1695 年）。 1613 年，顧炎武出生（-1682 年）。	1614 年，大坂冬之陣。 1615 年，大坂夏之陣。 1619 年，山崎闇齋出生（-1682 年）。熊澤蕃山出生（-1691 年）。
1620 年	1620 年，五月花號（Mayflower）登陸美國。 1623 年，布萊茲・帕斯卡（Blaise Pascal）出生（-1662 年）。 1627 年，羅伯特・波以耳出生（-1691 年）。		1622 年，柳馨遠出生（-1673 年）。	1621 年，木下順庵出生（-1699 年）。 1627 年，伊藤仁齋出生（-1705 年）。
1630 年	1632 年，史賓諾莎出生（-1677 年）；約翰・洛克（John Locke）出生（-1704 年）。 1638 年，尼古拉・馬勒伯朗士出生（-1715 年）。	1633 年，庫姆派（Qom's School）哲學家卡吉・賽德・昆米（Qazi Said Qummi）出生（-1691 年）。	1636 年，清朝建立（-1912 年）。	1635 年，中江藤樹開設藤樹書院。 1637 年，島原之亂（-1638 年）。
1640 年	1640 年，英國革命（English Revolution）（-1660 年）。 1642 年，牛頓出生（-1727 年）。 1646 年，萊布尼茲出生（-1716 年）。 1648 年，簽署西發里亞和約（Peace of Westphalia），結束三十年戰　。	1641 年，伊朗及印度科學家米爾・芬德雷斯基（Mir Fendereski）卒。敘利亞的蘇菲派神學家阿布杜爾迦尼・納布盧希（Abd al-Ghani al-Nabulusi）出生（-1731 年）。	1641 年，權尚夏出生（-1721 年）。 1644 年，清朝開始統治中國。張獻忠率軍攻克成都，立「大西國」。	1641 年，荷蘭商館遷至出島，完成鎖國。

西元	歐洲	北非、亞洲（東亞除外）	中國、朝鮮	日本
1650 年			1654 年，利類思進行《神學大全》第一部分的漢譯（-1677 年）。	1657 年，新井白石出生（-1725 年）。 1658 年，室鳩巢出生（-1734 年）。
1660 年	1660 年，在英國，王朝復辟；設立倫敦皇家學會（至今仍存在）。 1666 年，巴黎皇家科學院〔Royal Academy of Sciences，法蘭西學會（Institut de France）的前身〕成立。		1661 年，鄭成功占領台灣。 1662 年，明朝完全滅亡。	1666 年，荻生徂徠出生（-1728 年）。
1670 年		1670 年，什葉派哲學家拉賈卜・阿里・塔布里茲（Rajab Ali Tabrizi）卒。	1677 年，安文思進行《神學大全》第三部分補篇的漢譯。東東出生（-1727 年）。	
1680 年	1683 年，鄂圖曼帝國軍隊展開維也納之戰（Battle of Vienna）。 1685 年，喬治・柏克萊（George Berkeley）出生（-1753 年）。 1688 年，光榮革命（Glorious Revolution）（-1689 年）。 1689 年，孟德斯鳩（Montesquieu）出生（-1755 年）。英國制定《權利法案》（*Bill of Rights*）。		1681 年，李瀷（李星湖）出生（-1763 年）。 1682 年，韓元震出生（-1751 年）。 1683 年，鄭氏王朝投降，台灣成為清朝領土。	1680 年，太宰春台出生（-1747 年）。 1683 年，服部南郭出生（-1759 年）。 1687 年，山縣周南出生（-1752 年）。

西元	歐洲	北非、亞洲（東亞除外）	中國、朝鮮	日本
1690 年	1694 年，伏爾泰（Voltaire）出生（-1778 年）。	1691 年，什葉派神學家卡吉・賽德・昆米（Qazi Said Qummi）卒。 1699 年，鄂圖曼帝國與歐洲各國締結《卡洛維茨條約》（Treaty of Karlowitz）。		1690 年，山井崑崙出生（-1728 年）。設立昌平坂學問所。 1697 年，賀茂真淵出生（-1769 年）。 1699 年，根本遜志出生（-1764 年）。
1700 年	1700 年，柏林科學協會（Societas Regia Scientiarum，柏林科學院的前身）成立。			1703 年，安藤昌益出生（-1762 年）。

國家圖書館出版品預行編目(CIP)資料

世界哲學史. 5, 古代篇. III, 巴洛克時代的哲學 : 新世界的衝擊 / 伊藤邦武, 山內志朗, 中島隆博, 納富信留, 渡邊優, 高橋厚, 新居洋子, 大西克智, 池田真治, 小倉紀藏, 中島隆博, 藍弘岳, 松浦純, 金子晴勇, 安形麻理, 伊藤博明著 ; 李璦祺譯. -- 初版. -- 新北市 : 黑體文化, 遠足文化事業股份有限公司, 2025.01

面； 公分. --（空盒子；8）

ISBN 978-626-7512-39-5（平裝）

1.CST: 哲學史 2.CST: 文集

109　　113018621

黑體文化　　讀者回函

空盒子8

世界哲學史5古代篇（Ⅲ）——巴洛克時代的哲學：新世界的衝擊

世界哲学史5——古代II バロックの哲学

作者・山內志朗、中島隆博、渡邊優、高橋厚、新居洋子、大西克智、池田真治、小倉紀藏、藍弘岳、松浦純、金子晴勇、安形麻理、伊藤博明｜編者・伊藤邦武、山內志朗、中島隆博、納富信留｜譯者・李璦祺｜監譯・山村　｜校譯・楊雅筑｜責任編輯・涂育誠｜美術設計・林宜賢｜出版・黑體文化／遠足文化事業股份有限公司｜總編輯・龍傑娣｜發行・遠足文化事業股份有限公司（讀書共和國出版集團）｜地址・23141新北市新店區民權路108之2號9樓｜電話・02-2218-1417｜傳真・02-2218-8057｜客服專線・0800-221-029｜客服信箱・service@bookrep.com.tw｜官方網站・http://www.bookrep.com.tw｜法律顧問・華洋法律事務所・蘇文生律師｜印刷・中原造像股份有限公司｜排版・菩薩蠻數位文化有限公司｜初版・2025年1月｜定價・500元｜ISBN・9786267512395・9786267512531（EPUB）・9786267512532（PDF）｜書號・2WVB0008